AF603345

MÉMOIRE

SUR

LES CARACTÈRES ANATOMIQUES

ET PHYSIOLOGIQUES DE L'INFLAMMATION.

IMPRIMERIE DE HENRI DUPUY,
RUE DE LA MONNAIE, N. 11.

MÉMOIRE

SUR

LES CARACTÈRES ANATOMIQUES ET PHYSIOLOGIQUES

DE L'INFLAMMATION

PAR

J.-P. CAFFORT,

DOCTEUR MÉDECIN, CHIRURGIEN DE L'HOPITAL DE NARBONNE, ETC.

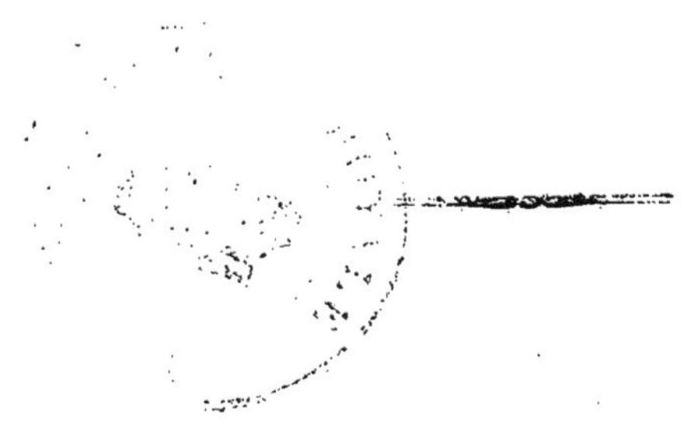

PARIS

DEVILLE-CAVELLIN, LIBRAIRE,

RUE DE L'ÉCOLE-DE-MÉDECINE, N.° 10.

1834

AVERTISSEMENT.

Au commencement de 1829, je publiai sur la nature de l'inflammation un Mémoire qui n'était qu'une introduction à celui que je livre aujourd'hui à l'impression. Quoique ce dernier travail fût alors terminé et que je l'eusse annoncé comme devant paraître prochainement, des circonstances particulières en ont retardé la publication. Depuis cette époque, j'ai répandu plusieurs de mes idées, soit verbalement, soit par écrit, et quelques auteurs qui en ont eu connaissance n'ont pas daigné citer la source où ils avaient puisé. Je ne me plains pas de ces oublis, sans doute involontaires, et j'ai vu au contraire avec plaisir mes opinions partagées par quelques médecins qui ont fait une étude spéciale de l'anatomie pathologique; mais je tiens à ne pas paraître plagiaire de mes propres idées. Ce Mémoire était entièrement composé en 1829, et à quelques additions près, nécessitées par des publications récentes, je n'y ai rien ajouté.

Quelques personnes, ne voyant pas dans ce Mémoire un grand nombre de faits alignés à la suite les uns des autres, traiteront peut-être ce travail un peu superficiellement : elles penseront qu'il ne consiste qu'en un tissu d'hypothèses plus ou moins probables. Si je n'ai pas rapporté beaucoup de faits à l'appui de mes théories, ce n'est pas que je n'eusse pu le faire comme tant d'autres écrivains ; mais cette manière d'écrire, d'ailleurs très-facile, dont je ne conteste pas l'utilité, et dont on a abusé dans ces derniers temps, me semble bien ennuyeuse pour le lecteur. Aujourd'hui nous possédons beaucoup d'observations particulières ; je les ai étudiées avec soin, je les ai comparées avec celles que j'étais à même de faire dans ma pratique, et j'en ai tiré des conclusions, des théories ; car, en dernière analyse, c'est pour en venir à des théories qu'on a colligé ces faits, et non pour leur simple énumération ; Morgagni a dit avec raison : *Non numerandæ sed perpendæ sunt observationes.* A quoi serviraient, en effet, toutes ces observations détaillées, si nous ne devions pas en tirer des conséquences utiles au diagnostic et au traitement des maladies? Elles ne serviraient alors qu'à faire parade d'une vaine érudition.

Si, dans les faits que je rapporte, je parle plus souvent des autres que de moi-même, c'est parce que, si je citais les observations qui me sont personnelles, on pourrait croire que j'ai vu avec les yeux de la foi, avec des idées préconçues. Cependant je dois assurer le lecteur que lorsque j'ai commencé à me livrer à des recherches minutieuses d'anatomie pathologique, j'étais loin de me douter que j'en verrais jaillir une théorie complète; je ne travaillais que pour mon instruction, et nullement dans l'intention de publier un Mémoire sur ce sujet. Ce n'est pas *ma faute* si de cette étude approfondie il en est né une refonte entière de l'anatomie pathologique.

Je prie donc le lecteur de ne pas juger ce Mémoire légèrement : il est le fruit de recherches nombreuses sur le cadavre et dans les ouvrages des meilleurs auteurs. Je poursuis ces recherches avec soin depuis 1823, et j'ose dire que je n'ai pas trouvé une seule fois mes théories en défaut. Tout ce que je dis, je l'ai vu, non dans mon imagination seulement, mais sur des malades ou sur des cadavres. Ma position ne m'offre malheureusement que trop souvent l'occasion de vérifier ce que j'avance.

Il m'aurait été bien facile de grossir cette brochure, de l'élever au rang de *volume;* mais alors j'aurais difficilement trouvé un éditeur : car MM. les libraires préfèrent un mauvais ouvrage d'un auteur connu à un bon travail d'un homme dont la réputation n'est pas encore faite. J'ai préféré en exclure tous les faits que j'aurais pu y joindre, et présenter mes théories dans toute leur simplicité, dépouillées des preuves que j'aurais pu apporter à leur appui. D'ailleurs il sera facile à ceux qui voudront s'en occuper de vérifier ce que j'annonce, et je suis convaincu qu'ils trouveront que je n'ai avancé que des vérités aisées à constater.

Paris, 1er mai 1834.

MÉMOIRE

SUR

LES CARACTÈRES ANATOMIQUES

ET PHYSIOLOGIQUES DE L'INFLAMMATION.

Dans mon Mémoire sur la nature de l'inflammation, j'ai décrit avec soin l'origine et la marche de la fluxion sanguine morbide, à laquelle j'ai conservé les noms d'inflammation ou de phlegmasie, sous lesquels elle est connue depuis long-temps. Cet état pathologique a depuis lors été nommé hypérémie active par M. Andral, dans son Précis d'Anatomie pathologique ; mais quelle que soit la dénomination qu'on veuille lui donner, il n'en est pas moins vrai que cet état pathologique consiste dans un afflux anormal de sang vers la partie qui devient le siége de la maladie. Le résultat immédiat et inévitable de cet afflux anormal de sang est la présence ou le séjour d'une plus grande quantité de ce fluide réparateur dans le lieu malade.

Partant donc de ce principe contre lequel il est impossible de s'élever, que tout organe enflammé renferme dans son intérieur plus de sang que dans l'état physiologique, je vais maintenant rechercher quels sont les changemens que la présence d'une trop grande masse de ce liquide doit entraîner dans la partie devenue foyer d'une phlegmasie.

Pour éviter toute cause d'erreur, il est bon de se rappeler, en débutant, les divers usages auxquels le sang est destiné. Nous savons que par sa présence dans les organes, non-seulement il en fait varier la couleur, le volume et la consistance, mais encore il en règle les fonctions ou les altère suivant sa quantité et sa nature. Il serait peut-être essentiel, avant de faire encore un pas, de mettre cette proposition hors de doute; mais cela exigerait des développemens qu'on trouvera mieux placés dans le courant de ce Mémoire.

J'entre donc en matière, et je commence par décrire les effets purement physiques du séjour d'une plus grande masse de sang dans l'organe enflammé. J'examinerai ensuite quels sont les changemens vitaux que ce fluide doit amener à sa suite.

Le changement de couleur est le premier phénomène qu'on aperçoit dans une partie qui s'enflamme. Dès le début d'une phlegmasie l'organe malade rougit. Ici se présentent en foule des questions auxquelles il est plus ou moins difficile de répondre. La première qui s'offre naturellement à l'esprit, c'est de savoir quelle est l'origine de cette rougeur.

Je ne crains pas d'affirmer que la rougeur dépendante d'une inflammation tient à la fois à la dilatation des capillaires artériels, et à la pénétration des molécules rouges sanguines dans l'intérieur des capillaires blancs.

La première de ces causes est trop évidente pour qu'on ait pu la nier ; mais plusieurs pathologistes rejettent la seconde, parce que, disent-ils, l'existence des capillaires blancs n'est rien moins que prouvée, et que d'ailleurs il n'est pas possible de croire que le sang puisse pénétrer dans des vaisseaux qui ne le reçoivent pas habituellement. Je ne ferai que quelques réflexions à ce sujet, parce que cette opinion n'est pas, à beaucoup près, la plus répandue, que bien loin de là, l'idée opposée est généralement adoptée. Vous avez même vu, dans mon premier Mémoire, que M. Caffin en fait le principe d'une nouvelle théorie de l'inflammation.

Il est certain que, si vous voulez des preuves directes, basées sur l'expérience, pour prouver l'existence des capillaires blancs, il m'est impossible de vous en fournir; mais, si vous voulez seulement vous donner la peine d'examiner certains tissus dans l'état naturel et sur le vivant, je suis convaincu que votre doute va se dissiper aisément. Regardez, par exemple, la conjonctive : vous la voyez à peine parcourue par quelques petits vaisseaux rouges, tout le restant est parfaitement blanc. Eh bien! irritez cette membrane d'une façon quelconque, aussitôt et presque subitement, vous allez y voir un nombre infini de vaisseaux colorés par un sang vermeil. Certes, vous ne pouvez pas toujours dire que ce sang soit épanché dans les mailles du tissu cellulaire, puisque au moyen d'une loupe, et souvent même à l'œil nu, vous pouvez parfaitement distinguer ces petits capillaires les uns des autres. Il faut donc de deux choses l'une, ou que ces vaisseaux existassent préalablement, ou qu'ils se soient formés à l'instant même de l'irritation.

Vous avouerez sans peine, je l'espère, que cette seconde supposition est dépourvue de toute vraisemblance. Comment, en effet, pourriez-vous concevoir que des vaisseaux se développassent avec cette rapidité que certaines fluxions sanguines se forment? Et puis, d'ailleurs, une fois formés ne devraient-ils pas persister? Or, je vous le demande, avez-vous jamais rien vu de pareil? Vous êtes donc obligé d'admettre des capillaires blancs. Et, lors même que ces raisons ne vous démontreraient pas l'existence de ces capillaires, vous seriez encore forcé de la supposer, parce que, sans eux, vous ne pourriez pas expliquer comment se nourrissent les organes qui ne renferment pas de capillaires artériels dans leur intérieur.

On me demandera peut-être encore comment les capillaires blancs ne sont pas remplis de sang dans l'etat naturel, s'ils sont vides dans cet état ou s'ils contiennent quelque liquide; dans ce dernier cas, quelle est la nature de ce fluide, et enfin quelle est la force qui pendant l'inflammation pousse le sang dans leur intérieur? Avant de répondre à toutes ces questions, et pour être compris, il est indispensable de rappeler un point d'anatomie physiologique.

Vous savez que MM. Prévost, Dumas et Edwards ont dans ces derniers temps observé le sang avec des microscopes d'un pouvoir amplifiant, beaucoup plus grands que ceux dont on s'était servi avant eux, pour faire cet examen. Il résulte de leurs expériences que ce fluide est composé de deux ordres de molécules dont les unes blanches et ayant $^1/_{300}$ de millimètre, forment le sérum, et les autres rouges, ayant $^1/_{150}$ de millimètre, constituent le caillot. Le diamètre double de ces dernières est pour nous un fait très-important, comme vous allez en juger; je suis sûr même que déjà vous pressentez mes explications.

Il est, en effet, bien naturel de penser, d'après ce que je viens de dire, que, si le sang ne pénètre pas en entier dans les capillaires blancs, c'est que dans l'état normal le diamètre de ces vaisseaux n'est pas assez grand pour permettre l'introduction des molécules rouges sanguines dans leur intérieur, et cependant est suffisant pour laisser passer le sérum ou la partie blanche de ce fluide dont les molécules ont un volume de moitié plus petit. Je vois bien que cela nous ramène aux idées un peu mécaniques de Boerhaave; mais que nous importe, si ce savant médecin a dit la vérité? Faut-il donner une preuve de l'exactitude de la proposition que je viens de renouveler? Voyez ce qui se passe dans les organes formés presque exclusivement par des capillaires blancs; dans les séreuses, par exemple, qui laissent écouler le liquide contenu dans leur intérieur? Ce liquide qui s'en échappe diffère-t-il autrement du sérum du sang, que par une proportion moindre d'albumine? Et dans ceux de ces organes dont la sérosité ne sort pas, comme dans les cartilages, l'analyse chimique y découvre-t-elle autre chose que les substances qu'on trouve dans le sérum, l'eau, l'albumine et quelques sels? Ainsi donc, la composition de ces organes aussi bien que leurs produits nous indiquent que le sérum seul du sang les pénètre.

A la vérité, pour expliquer la rapidité avec laquelle le sang s'introduit dans les capillaires blancs, on pourrait les supposer naturellement vides. Vous êtes même nécessairement forcé d'adopter cette opinion, si vous repoussez celle qui précède, puisque l'existence des capillaires blancs est une chose actuellement bien démontrée. Mais je vous ferai observer que la vacuité de ces vaisseaux est une chose inadmissible, parce que, comme je le disais tout à l'heure, on ne pourrait pas concevoir comment les organes formés presque exclusivement par cet ordre de vaisseaux pourraient se nourrir, s'il n'y avait pas dans leur intérieur un liquide propre à cet usage; et d'un autre côté, avons-nous besoin de les supposer vides pour nous rendre raison de la rapidité de leur pénétration par le sang artériel? Ne pouvons-nous pas supposer que, lorsque les molécules rouges entrent dans la cavité des capillaires blancs, le sérum en est chassé? Cette supposition me paraît d'autant mieux fondée, que par elle j'explique des phénomènes que nous observons tous les jours. Par elle, j'explique comment les séreuses au début d'une phlegmasie exhalent une plus grande quantité de sérosité; comment ces mêmes membranes s'enflamment facilement, le sérum qu'elles contiennent pouvant être aisément poussé hors des vaisseaux, dans la cavité de ces membranes, et remplacé dans les capillaires blancs par les molécules rouges du sang; comment, au contraire, l'inflammation des cartilages et de tant d'autres organes blancs est beaucoup plus lente et plus difficile à se montrer, par cette seule raison que les molécules rouges du sang ne peuvent qu'avec beaucoup de peine pénétrer dans des capillaires déjà pleins, et dont le contenu ne peut pas être facilement évacué, n'ayant pas de cavité qui puisse le recevoir.

Toutes ces raisons, si elles ne constituent pas une démonstration rigoureuse, rendent du moins la chose tellement probable, qu'il est presque impossible que cela arrive d'une autre manière.

Parmi les questions que j'ai soulevées, une seule me jette dans quelque embarras, c'est de savoir si le sang pénètre dans les capillaires blancs uniquement par la force qu'il reçoit *à tergo* des capillaires artériels, ou si à cette force viennent se joindre des contractions propres aux premiers de ces vaisseaux. Sans doute, les capillaires artériels, en se contractant avec une très-grande force au début d'une phlegmasie, poussent le sang avec une violence qui suffit pour rompre la résistance des parois des capillaires blancs, et c'est alors que ces derniers sont pénétrés; mais une fois que le sang est dans leur cavité, y chemine-t-il par des contractions propres à ces vaisseaux? Certaines hémorragies sembleraient bien le démontrer : cependant cette seule donnée n'est pas suffisante pour asseoir cette opinion ; elle ne la rend que très-probable. Au reste, pour à présent, nous n'avons pas besoin d'aller plus en avant.

D'après les détails dans lesquels je viens d'entrer, il me semble bien démontré que la couleur rouge inflammatoire dépend de la dilatation des capillaires artériels et du passage du sang dans les capillaires blancs.

Après avoir tracé l'origine de la rougeur inflammatoire, j'aborde une autre question qui offre encore plus de difficulté pour sa solution : quelle est la valeur de ce caractère pathologique?

Le sang artériel communique plus ou moins sa couleur aux organes, suivant la quantité de ce liquide qui entre dans leur composition. Tant que cette quantité de sang reste dans les bornes physiologiques, la coloration est normale; elle ne devient caractère pathologique que tout autant qu'elle représente l'injection que j'ai nommée inflammatoire; et comme l'injection inflammatoire est le premier phénomène qui caractérise le début d'une phlegmasie, la coloration vermeille est le signe qui se présente le premier.

La constance de ce caractère pathologique, dès le principe de l'inflammation, semblerait devoir nous indiquer dans tous les cas et d'une manière certaine, l'existence de cette maladie, mais combien il s'en faut qu'il en soit ainsi! Quand, par exemple, la phlegmasie est située intérieurement, de quelle utilité ce changement de couleur peut-il être pendant la vie? N'est-il pas alors pour nous comme s'il n'existait pas?

A la vérité, la couleur rouge vermeil a été et est

encore d'un grand secours à l'anatomie pathologique, en faisant reconnaître sur le cadavre les traces d'une phlegmasie qui avait lieu sur le vivant. Ce n'est certainement qu'en rapprochant ainsi les caractères fournis par l'inspection cadavérique, des phénomènes observés pendant la vie, qu'on est parvenu à jeter un grand jour sur plusieurs maladies.

Malheureusement, le changement de couleur est le caractère le plus fugitif de tous. Le pus, les ulcères, des tubercules, etc., ne peuvent pas disparaître avec la vie ; on les retrouve nécessairement sur le cadavre, tandis que la couleur d'un organe, qui avant la mort avait été altérée, revient le plus souvent à son état normal, dès que la vie est éteinte, ou du moins diminue d'une manière prodigieuse. Qui n'a vu, en effet, des érysipèles très-intenses ne laisser aucune trace de leur existence? Bichat rapporte qu'il a toujours été étonné de voir le péritoine, quand il l'avait enflammé au point de lui communiquer une couleur rouge intense et uniforme, ne présenter sur le cadavre qu'une injection plus ou moins légère ; j'ai été aussi plusieurs fois surpris de ne voir à l'autopsie de personnes mortes bien évidemment de congestion cérébrale, qu'une faible injection du cerveau. C'est dans des cas pareils, sans doute, qu'on a prétendu que les malades sont morts d'une apoplexie nerveuse. Car il semble à certaines gens qu'il n'y a inflammation que tout autant que la partie malade est détruite.

Il résulte de ce que je viens de dire, que le degré de coloration d'un organe enflammé quand on ne l'observe qu'à la mort, ne peut pas nous indiquer celui de cette même coloration pendant la vie, puisqu'elle diminue évidemment dès que la mort est venue frapper le corps. Qui oserait encore en douter en voyant la pâleur cadavérique qui succède quelquefois à ces rougeurs si intenses de toute la surface du corps, et principalement du visage, dans certaines fièvres?

Une autre difficulté non moins grande dans l'appréciation de ce caractère pathologique, c'est la diversité de formes sous lesquelles peut se présenter l'injection sanguine. En effet, non-seulement le nombre des capillaires diffère d'un organe à l'autre, mais encore le sang ne se distribue pas de la même manière à tous les organes. Ainsi, par exemple, le cerveau, les poumons, l'estomac, ne peuvent pas être injectés également. Pour se faire une idée de toutes les variétés dont est susceptible l'injection inflammatoire, il serait nécessaire de passer en revue, non-seulement chaque organe, mais encore les divers élémens organiques qui les composent.

Et puis, le degré de l'inflammation n'imprime-t-il pas un certain cachet à la forme de l'injection vermeille? Pour ne citer que la muqueuse intestinale, n'y trouvons-nous pas tantôt un pointillé, tantôt des arborisations bien marquées, et tantôt enfin des plaques plus ou moins étendues?

Quoique la couleur rouge vermeil plus prononcée dans l'état pathologique indique toujours d'une manière certaine l'existence d'une phlegmasie, soit pendant la vie, soit après la mort, vous venez de voir quelles difficultés naissent de tous côtés pour la juste appréciation de ce caractère pathologique. Le siége de l'injection sanguine à l'intérieur, sa disparition totale ou au moins partielle, immédiatement après la cessation de la vie, les variétés de forme qu'elle affecte, suivant l'organe malade et suivant l'intensité de l'inflammation, ne sont pas cependant les seules choses à considérer. Cette couleur dont je viens de parler disparaît souvent plus ou moins vite et se trouve remplacée par d'autres colorations.

La couleur rouge noir, ou même la couleur franchement noire, n'est pas un caractère rare qui indique l'inflammation ou hypérémie active de M. Andral. Deux conditions font changer la couleur rouge artérielle en noir : 1° le séjour trop prolongé du sang artériel dans l'intérieur de l'organe malade ; 2° l'intensité de l'inflammation.

Vous savez que lorsqu'une phlegmasie est un peu active, la circulation se trouve très-ralentie dans le lieu malade, si elle n'y est totalement suspendue. Or, quand cet état dure un certain temps, le sang se désoxigène, il perd sa couleur rouge vermeil et revêt tous les caractères du sang veineux ; il finit même par devenir plus noir, il ne reste presque plus que du carbone dans les vaisseaux, parce que la sérosité s'est échappée au dehors. Il semble, dans ces cas, que l'organe soit mélanosé. J'ai assisté dernièrement à l'ouverture du cadavre d'une femme qui a succombé à une entérite chronique, mais qui a toujours été assez intense. En ouvrant les gros intestins, nous les avons trouvés aussi noirs que du charbon ; le rectum présentait un grand nombre d'ulcérations qui indiquaient assez bien le caractère inflammatoire de cette maladie. Au-dessous de la muqueuse qui offrait seule cette coloration, nous avons vu le tissu cellulaire offrant un contraste frappant par sa blancheur ; il avait acquis plus d'une ligne d'épaisseur et se trouvait comme lardacé dans un grand nombre de points. Les autres tuniques de l'intestin étaient à peu près saines. Ce que j'ai observé chez cette femme, bon nombre d'autres praticiens ont été en position de le voir sur d'autres sujets. Mais je crois que jusqu'ici la cause de cette coloration n'a pas été bien saisie.

Si elle se voit peu fréquemment dans les organes où la circulation est très-active, à cause de la facilité qu'a le sang à passer par une branche collatérale ou à sortir par les orifices des vaisseaux blancs, il n'en est pas de même dans les organes formés presque exclusivement par des capillaires blancs et dont le tissu est assez serré pour ne pas laisser exhaler la sérosité ; tels sont les cartilages et les membranes fibreuses, comme le périoste, la dure-mère, etc. Je me rappelle avoir vu périr une femme d'une inflammation aiguë du périoste du fémur. A l'ouverture de son corps, je trouvai cette membrane noire dans toute l'étendue de l'os, qui lui-même n'avait pas encore subi une grande altération ; mais ce qui montrait évidemment le caractère inflammatoire de cette maladie, c'est qu'autour du périoste, il y avait une collection purulente qui fournit au moins un litre de pus bien formé. Une autre fois, j'ai vu mourir d'une coxalgie aiguë, un jeune jardinier qui succomba au bout d'un mois environ depuis le début de son affection. Chez lui, les cartilages de l'articulation coxo-fémorale étaient noirs comme du charbon, il y avait un peu de pus dans l'intérieur de la capsule articulaire. Le périoste de la fosse iliaque externe droite offrait le même changement de couleur dans plusieurs endroits; les fessiers étaient soulevés par du pus, et sous le périoste malade l'os était nécrosé. Comment aurais-je pu dans tous ces cas méconnaître la nature inflammatoire de la maladie? Au petit nombre de faits que je viens de citer, je pourrais en joindre bien d'autres qui démontreraient la même chose; mais, comme tous les praticiens en ont observé certainement de semblables, je puis me dispenser d'en multiplier le nombre.

La seconde condition, disais-je tout à l'heure, qui fait que la couleur rouge vermeil du sang passe à l'état noir, c'est l'acuité de la phlegmasie. Le phénomène dépendant de cette cause se présente trop souvent dans la pratique, pour n'avoir pas été signalé dans tous les temps. Cette coloration dépend de ce que la circulation capillaire étant entièrement interrompue, et la chaleur locale étant au contraire très-forte, la carbonisation du sang se fait avec une grande rapidité.

Si la couleur rouge vermeil est particulière à la phlegmasie, il n'en est pas de même de la coloration en noir. Cette dernière peut aussi bien tenir à une stase du sang ou à un obstacle à la circulation dans le système veineux, qu'à une phlegmasie. Il peut encore être dû à cette accumulation de sang qui se fait dans les parties le plus déclives, quand ce fluide est soumis simplement aux lois physiques; c'est-à-dire, lorsque la vie est éteinte, ou du moins est sur le point de disparaître. Pour distinguer ces différens cas, il faut avoir une très-grande habitude d'ouvrir des cadavres. Cette difficulté est surtout presque insurmontable dans certains organes, comme, par exemple, dans le cerveau.

Outre les couleurs rouge et noire, le sang communique encore parfois aux tissus qui le reçoivent une couleur lie de vin très-remarquable. J'ai eu, comme plusieurs autres médecins, occasion de voir de pareilles inflammations; mais alors on peut être assuré qu'elles sont dues à une altération primitive du sang. Si, en effet, on pratique une saignée dans ces circonstances, on trouve à ce fluide absolument la même couleur qu'il a donnée aux parties enflammées. A l'époque où régnait exclusivement le solidisme, avancer une pareille proposition, ç'aurait été proclamer une hérésie; mais aujourd'hui que les faits sont venus démontrer, dans un grand nombre de cas, l'altération de ce fluide, personne ne doutera de la vérité de cette proposition. Dans plusieurs cas de maladie typhoïde, dans lesquels on a appliqué des vésicatoires, les surfaces ulcérées m'ont présenté cette couleur.

Tels sont les changemens de couleur que le sang peut entraîner dans les organes enflammés. Mais comme la phlegmasie amène à sa suite des changemens dans la composition organique, ainsi que dans les produits des sécrétions, il est naturel de penser que ces colorations dont je viens de parler, ne sont pas les seules qui puissent indiquer cet état pathologique. Le ramollissement, par exemple, ou la suppuration font varier à l'infini cette couleur. Pour ne pas répéter les choses inutilement, je me réserve d'en traiter au fur et à mesure que je parlerai de ces résultats de l'inflammation.

Vous voyez, d'après les considérations dans lesquelles je viens d'entrer, que la couleur rouge vermeil n'est pas la condition *sine quâ non* de toute phlegmasie; mais toutes les fois que cette coloration existe et qu'elle a dépassé les bornes physiologiques, elle est un indice certain de l'existence de l'inflammation. Les couleurs noire et lie de vin peuvent encore dans certaines circonstances indiquer qu'un organe est enflammé; cependant, comme ces couleurs ne sont pas exclusivement propres à l'inflammation, on ne peut pas, de leur seule apparition, conclure que cette maladie s'est développée. Il est encore d'autres couleurs qui sont particulières au ramollissement, au pus, et qui n'en sont pas moins le résultat de l'inflammation. Ces couleurs ne sont que consécutives comme les altérations qu'elles indiquent.

L'afflux insolite de sang qui se forme dans les parties qui s'enflamment, entraîne à sa suite un autre changement qui quelquefois est purement physique, et qui d'autres fois est un phénomène vital ; je veux parler de la tuméfaction inflammatoire.

Dès qu'une plus grande quantité de sang arrive dans les capillaires artériels d'un organe, il distend ces vaisseaux. De cette distension résulte inévitablement une tuméfaction d'autant plus considérable que la partie malade renferme un plus grand nombre de capillaires et que la phlegmasie a plus d'intensité. Ce phénomène est, comme vous le voyez, simplement physique. Mais ce n'est pas la seule cause à laquelle le gonflement inflammatoire puisse être lié. Quelquefois, ainsi que je vous le disais, ce caractère pathologique est dû à l'accroissement d'activité d'une fonction. Il est souvent produit soit par une exhalation plus abondante de sérosité dans les mailles du tissu cellulaire, soit par une augmentation de l'acte d'assimilation. Ces deux dernières causes n'agissent pas avec autant de rapidité sans doute, mais leur effet est bien plus prononcé quand la phlegmasie suit une marche chronique. J'aurai occasion d'y revenir en parlant des altérations subies par ces fonctions.

Non-seulement tout organe qui s'enflamme augmente de volume, mais encore il devient d'abord plus dur. Les mêmes causes qui amènent la tuméfaction inflammatoire doivent nécessairement produire en même temps la dureté. Je ne veux pas dire par là cependant que ces deux caractères pathologiques soient toujours liés invariablement l'un à l'autre. Les faits viendraient en foule contredire mon assertion.

Combien de fois, en effet, le ramollissement n'est-il pas uni au gonflement? Je prétends seulement que la dureté qu'on remarque, sinon pendant toute la durée d'une phlegmasie, du moins pendant les premiers temps de son existence, n'est que la conséquence du caractère pathologique précédent, et tient évidemment aux mêmes causes.

Il est clair, ce me semble, que dès que les capillaires sont distendus par le sang, ils deviennent plus durs, plus résistans; que les mailles du tissu cellulaire, remplies par une sérosité abondante, doivent tendre à produire un phénomène semblable; et qu'enfin, quand l'assimilation incorpore un plus grand nombre de molécules dans un organe, celles-ci doivent être plus serrées, plus rapprochées, et par conséquent doivent donner à la partie enflammée plus de résistance et de densité.

Bien différens en cela de la couleur qui ne peut être aperçue que lorsque la maladie a son siége à l'extérieur, ces deux derniers caractères anatomico-pathologiques, le volume et la dureté, peuvent fort bien ne pas échapper à l'exploration du médecin, lors même que la phlegmasie est située à l'intérieur du corps. Ils seraient donc de la plus grande valeur, pour déterminer la nature de la maladie, s'ils appartenaient exclusivement à l'inflammation; mais combien il s'en faut qu'ils indiquent toujours cette affection!

Unis à la couleur rouge vermeil, ils sont un indice certain de l'existence de l'inflammation. Seuls ils peu-

vent tout aussi bien nous indiquer toute autre maladie qu'une phlegmasie. Un obstacle à la circulation veineuse ne peut-il pas amener ces caractères pathologiques, en produisant une plus grande exhalation de sérosité dans le tissu cellulaire? Certains éléphantiasis reconnaissent-ils d'autre cause que celle-là? Un obstacle à la circulation artérielle n'entraîne-t-il pas souvent à sa suite l'hypertrophie avec dureté du cœur? Concluons donc de ces faits que, quoique la tuméfaction et la dureté appartiennent à l'inflammation, pris isolément, ces deux caractères pathologiques ne peuvent pas indiquer d'une manière certaine l'existence de cette maladie.

Certains organes offrent naturellement une transparence que l'inflammation fait disparaître. Telles sont les séreuses. Deux causes peuvent produire l'opacité de ces membranes. La première et la plus commune est l'introduction des molécules rouges sanguines dans l'intérieur des capillaires blancs, dont les séreuses sont entièrement composées. La seconde dépend de l'exhalation, dans le tissu cellulaire sous-jacent, d'une sérosité plus ou moins altérée dans sa nature. Ainsi, j'ai vu, il y a peu de temps, un estomac qui présentait des rougeurs par plaques dues évidemment à l'épanchement d'une sérosité sanguinolente dans le tissu cellulaire sous-muqueux. Or, ce qui est arrivé au tissu cellulaire de cette partie, se montre aussi fréquemment dans celui qui occupe d'autres points du corps.

Tandis que quelques organes perdent, par l'effet

d'une phlegmasie, leur transparence, il en est d'autres qui, opaques dans l'état normal, deviennent, par suite de cette maladie, d'une transparence remarquable. Cela a lieu dans les cas où une sérosité limpide s'épanche dans le tissu cellulaire. Chez un jeune soldat mort dernièrement dans l'hôpital à la suite d'une gastrite chronique, la muqueuse de l'estomac paraissait convertie en tissu cellulaire qu'on ne pouvait plus distinguer de celui qui est placé sous cette membrane, l'un et l'autre contenant dans leurs mailles, tantôt de la sérosité limpide, tantôt une sérosité épaisse semblable à la matière appelée par Laennec colloïde, et tantôt une sérosité sanguinolente. En divisant cette couche cellulaire au moyen du scalpel, il s'en écoulait de la sérosité. Ce que je viens de décrire ici comme appartenant à un estomac, peut se retrouver dans bien d'autres organes ; mais c'est toujours la même cause qui produit cette transparence, c'est toujours l'exhalation d'une sérosité claire dans le tissu cellulaire.

Quoique la phlegmasie puisse produire deux effets si opposés, l'opacité dans les organes ordinairement transparens et la transparence dans ceux qui sont naturellement opaques, il ne s'ensuit pas que ces caractères pathologiques tiennent dans tous les cas à cette affection. En effet, un obstacle à la circulation veineuse peut tout aussi bien produire l'accumulation de sérosité dans le tissu cellulaire, comme je l'ai déjà dit, et ainsi occasioner cette transparence qui, dès lors, n'est pas caractéristique d'une phlegmasie.

Il en est de même de l'opacité qui peut être aussi le résultat de la stase veineuse.

Je viens de tracer l'origine et la valeur des caractères pathologiques qui sont physiquement produits par la présence d'une plus grande quantité de sang dans le lieu malade. Je vais maintenant parler des effets vitaux dus au séjour plus ou moins prolongé de ce fluide dans un organe enflammé. Cette étude est indispensable, puisque le degré d'activité d'une fonction est subordonné à la masse de sang qui se porte dans la partie qui en est chargée. Personne, je crois, ne peut douter que le sang, soit par sa quantité, soit par sa qualité, ne puisse exercer une influence sur l'accomplissement des actes vitaux. Puisqu'il agit sur toutes les fonctions, je devrais les parcourir les unes après les autres pour avoir une idée complète des altérations dues à la phlegmasie. Mais avant d'entrer en matière et pour éviter des répétitions à la fois fastidieuses et inutiles, il est bon de présenter quelques généralités qui abrégeront de beaucoup cette étude.

Le degré d'intensité d'une inflammation peut varier; il est proportionné à la quantité de sang qui arrive dans le lieu malade; cependant cette variation n'est pas indéfinie, elle a des limites. Suivant moi, l'espace compris entre le *minimum* et le *maximum* d'une phlegmasie peut être partagé, par rapport à l'influence que la fluxion sanguine exerce sur les fonctions de l'organe enflammé, en quatre degrés bien distincts : dans le premier, la fonction est simplement exaltée; dans le second, à l'exaltation se joint le trouble de la fonction ; dans le troisième, le trouble existe également ; mais, au lieu d'être joint à l'exaltation de la fonction, il se trouve au contraire uni à un état opposé; elle s'exécute avec plus de lenteur; dans le dernier enfin, la fonction est suspendue. Quelque part que vous examiniez une phlegmasie, partout vous retrouverez ces quatre degrés que je viens de signaler. Vous aurez occasion de vous en convaincre si vous jetez un coup-d'œil sur chaque fonction en particulier. Je ne puis cependant m'empêcher de développer un peu mon idée sur ces quatre degrés, tant la chose me paraît importante à noter.

1°. Il est de la dernière évidence que toute fonction s'opère avec plus d'énergie, dès l'instant que l'organe qui en est doué reçoit une plus grande quantité de sang, pourvu toutefois que la quantité de ce fluide ne soit pas telle qu'elle produise d'emblée un des degrés suivans. Ce fait, que tout praticien a pu constater par lui-même, n'a pas, à ce que je crois, été expliqué avec assez de soin ; voici, je pense, son origine ou sa cause. Ce n'est certainement pas par lui-même que le sang peut activer une fonction, mais seulement par l'influence qu'il exerce sur les filets nerveux chargés de l'innervation ; or, les nerfs chargés de distribuer l'innervation aux organes n'agissent que tout autant qu'ils sont stimulés. Un médecin de cette époque a dit, d'après Brown, que la vie n'est entretenue que par les stimulans qui agissent sur les surfaces du corps, soit sur la peau, soit sur les muqueuses. Cette proposition est sans doute juste, mais elle est insuffisante pour expliquer les phénomènes organiques qui se passent dans l'intérieur de nos tissus. Évidemment, la stimulation admise par M. Broussais ne peut étendre son action jusque dans l'intimité de nos organes ; ici existe un autre stimulant, et celui-ci, quoique méconnu par plusieurs médecins, est même plus général : c'est le sang. En effet, l'action nerveuse cesse, et partant la vie s'éteint, si vous enlevez aux nerfs de l'intérieur le sang, qui est leur stimulant ordinaire.

L'activité d'une fonction est donc réglée par le degré de l'influx nerveux, et l'action des nerfs ou l'innervation est proportionnée au degré de stimulation qui leur est communiqué. Parmi les nombreux stimulans du système nerveux, le sang est évidemment le principal, puisque les fonctions des nerfs sont anéanties dès l'instant que ce stimulant leur est enlevé. Pour peu que vous réfléchissiez à ce que j'avance ici, je suis persuadé que vous partagerez entièrement mon opinion. Au reste, l'étendue d'un Mémoire ne me permet pas de la développer convenablement.

Ce que je viens de dire fait aisément concevoir comment une fonction est activée par un surcroît de sang qui lui arrive. Dans le principe d'une phlegmasie, cette exaltation de la fonction diffère si peu de l'état physiologique, qu'on ne doit la considérer comme symptôme de maladie que tout autant qu'elle a évidemment dépassé les bornes physiologiques. Elle caractérise la phlegmasie la plus légère. Il est, je pense, fort inutile de dire que cet accroissement dans l'activité d'une fonction doit varier suivant l'organe malade. Ainsi, dans les séreuses, ce degré d'inflammation consiste dans une exhalation plus abondante de sérosité; un flux plus considérable d'urine l'indique dans les reins; les idées sont exaltées ou les mouvemens plus rapides, quand c'est le centre nerveux qui en est le siége, etc. En un mot, partout où vous trouverez la fonction accrue sans qu'elle soit troublée sensiblement, vous pouvez être assuré que l'inflammation est à son *minimum*. C'est précisément à cause que cet état pathologique diffère peu de l'état physiologique, qu'il est souvent méconnu par les médecins, et qu'il échappe même quelquefois aux malades. Mais le praticien qui en est instruit et qui l'observe se tient sur ses gardes, et sait, dans ces circonstances, prévenir une maladie qu'il a pu prévoir.

2°. Si la phlegmasie est portée plus haut que dans le cas précédent, à l'exaltation de la fonction, vous disais-je, vient se joindre sa perversion, ou, en d'autres termes, l'organe n'exécute plus les actes vitaux dont il est chargé, exactement de la même manière qu'en santé. Le cerveau, par exemple, associe des idées à la fois exaltées et incohérentes, il y a délire, ou bien les mouvemens volontaires sont plus ou moins désordonnés. Les muqueuses sécrètent un mucus dont la nature est changée. Il est alors plus visqueux, purulent, sanguinolent, etc. Il en est absolument de même pour la sérosité, pour l'urine, et en un mot pour toutes les fonctions.

Le trouble dans les fonctions est un fait incontestable, mais il n'en est pas de même de l'explication qu'on pourrait donner de ce phénomène, et cela est facile à concevoir. Les fonctions diffèrent tant les unes des autres, elles s'exécutent de tant de manières diverses, qu'il est impossible que leur trouble survienne pour toutes de la même façon. Vous verrez, par exemple, comment il a lieu dans l'exhalation séreuse et dans quelques autres actes vitaux que j'examinerai en détail; mais il me serait impossible dans un Mémoire de montrer comment chaque fonction peut être troublée. Qu'il me suffise de dire que, quoique je ne puisse pas expliquer maintenant le mode d'altération propre à chaque fonction, cette altération n'en est pas moins un fait réel qu'on ne pourrait nier, elle se montre partout. Vous voyez, en effet, ce trouble se manifester aussi bien dans les fonctions dont le produit est matériel, comme les sécrétions, que dans les actes vitaux les plus cachés, dans ceux dont le mécanisme et le résultat échappent à nos moyens d'investigation, dans les facultés intellectuelles par exemple.

3°. Dans les deux degrés de la phlegmasie sur lesquels je viens de jeter un coup-d'œil rapide, vous avez vu les fonctions s'exécuter toujours avec plus d'activité que dans l'état ordinaire; mais, comme vous devez bien le penser, il est un terme à cet accroissement. Si l'inflammation est portée plus haut que dans le cas précédent, il en résulte inévitablement une diminution dans l'exercice de la fonction, elle s'exécute alors avec plus de lenteur, tout en continuant d'être troublée. J'ai dit dans le paragraphe précédent que je ferais voir bientôt quelle est dans certains cas la cause du trouble qu'on remarque. Quant à la lenteur, elle est due à ce que les capillaires trop distendus compriment les filets nerveux chargés de distribuer l'innervation aux organes malades. Nous aurons plusieurs occasions de montrer la justesse de cette proposition dans le courant de ce Mémoire.

4°. Enfin la fluxion sanguine, toujours abstraction faite des cas dans lesquels il y a ramollissement, suppuration ou gangrène, peut, par sa propre force, suspendre et même anéantir la fonction dont se trouve doué un organe enflammé. Ne voyons-nous pas, par exemple, les séreuses devenues le siége d'une phlegmasie violente ne plus exhaler de sérosité et devenir remarquables par leur sécheresse? Les reins ne cessent-ils pas de fournir de l'urine quand ils sont trop fortement enflammés? Les muqueuses arrivées à ce degré de phlegmasie continuent-elles à produire les matériaux habituels qu'elles fournissent? La gangrène enfin n'est-elle pas dépendante de la cessation de l'acte de nutrition, ou au moins d'innervation? Cette suspension de la fonction quand un organe est le siége de la phlegmasie portée à son plus haut point, ne peut donc être révoquée en doute, puisque nous en sommes si souvent les témoins. Son mécanisme ne me paraît pas bien difficile à concevoir; ce n'est que le degré précédent porté à l'extrême. Ne savons-nous pas en effet que la compression d'un nerf diminue l'action d'un organe et finit même par la faire cesser, quand cette compression est portée assez loin? Eh bien! comment ne voudrions-nous pas que la chose arrivât absolument de la même manière pour les filets nerveux auxquels est réservée l'innervation?

Cette suspension peut avoir lieu dans certains organes, sans qu'il en résulte un grand danger; mais, dans ceux dont l'exercice est indispensable pour l'entretien de la vie, comme par exemple dans le cerveau, pour peu que cette suspension dure, la mort en est la conséquence inévitable.

Tels sont, en résumé, les quatre degrés ou les quatre périodes qu'on peut retrouver dans l'altération que subissent les fonctions de tout organe enflammé, lorsque la phlegmasie n'a pas été portée au point de détruire son organisation; car, dans ce dernier cas, la fonction est inévitablement anéantie dans toute la partie désorganisée. Mais quoique je dise qu'on retrouve partout ces quatre degrés de l'inflammation, ce n'est pas à dire pour cela qu'ils paraissent toujours dans l'ordre régulier suivant lequel je viens de les examiner. Il est bon nombre de cas où la fluxion sanguine est portée tout-à-coup au second, au troisième, et même au quatrième degré. Nous le voyons, par exemple, dans certaines congestions cérébrales ou pulmonaires, qui se forment avec une rapidité vraiment surprenante. Cela doit nécessairement varier suivant l'énergie de la cause stimulante et suivant la texture de l'organe qui s'enflamme. Cependant, dans la plupart des circonstances, on peut suivre cette même marche, cette même progression dans le développement des symptômes particuliers à tel ou tel organe.

Les généralités dans lesquelles je viens d'entrer me dispensent d'examiner sous ce rapport chaque fonction en particulier, d'autant plus que, pour traiter convenablement ce sujet, il faudrait pour ainsi dire composer un ouvrage de physiologie pathologique. Mais, parmi les nombreuses fonctions qu'exécute le corps, il en est qui sont générales, qui se montrent partout : telles sont l'innervation, la circulation capillaire, la nutrition et l'exhalation séreuse. Les autres sont particulières à tel ou tel organe ; ainsi, les facultés intellectuelles sont l'apanage du cerveau, la respiration n'est dévolue qu'aux poumons, etc. Négligeant ces dernières, auxquelles s'appliquent d'ailleurs parfaitement les idées générales que j'ai émises précédemment, je ne vais ici m'occuper exclusivement que des actes vitaux qui sont communs à tous nos organes. Je commence par l'innervation.

Non-seulement le système nerveux préside aux facultés intellectuelles, aux sensations et aux mouvemens volontaires, mais encore il tient sous sa dépendance toutes les fonctions organiques. C'est à cette action qu'il exerce sur les fonctions organiques qu'on réserve plus particulièrement le nom d'innervation.

Je vous ai déjà fait voir, dans mon Mémoire sur la nature de l'inflammation, que l'innervation joue un très-grand rôle dans l'origine de cette maladie; mais il me reste encore à vous dire plusieurs choses, pour compléter l'étude de l'influence que cette fonction exerce sur la phlegmasie. Pour être mieux compris, et surtout pour éviter toute équivoque sur les mots, j'ai besoin de rappeler d'abord quelques principes de physiologie.

1°. On ne peut plus douter aujourd'hui que des nerfs, soit du grand sympathique (ce qui est le plus commun), soit du système nerveux de la vie de relation, n'accompagnent en tout lieu les artères et n'exercent une action puissante sur les vaisseaux.

2°. Tous les physiologistes savent également que les nerfs, pour être mis en jeu, doivent être stimulés. Deux sortes d'agens produisent cette stimulation : le sang à l'intérieur, et les agens externes sur les surfaces du corps.

3°. Enfin l'innervation est proportionnée à la force de la stimulation que reçoivent les filets nerveux.

Vous allez concevoir aisément, maintenant, l'application qu'on peut faire de ces trois propositions à l'étude de la phlegmasie.

Les filets nerveux d'une partie du corps sont-ils surexcités au-delà des bornes physiologiques, aussitôt l'innervation est accrue. Si l'on me demande quelles preuves j'apporte à l'appui de ce que j'avance, c'est que la vitalité de l'organe malade est devenue plus grande. Ainsi, la circulation capillaire, la nutrition, les sécrétions, fonctions qui sont subordonnées au degré de l'innervation, s'exécutent avec plus d'activité. A ces symptômes, vous reconnaissez l'inflammation débutante, l'inflammation à son *minimum*.

L'irritation (c'est ainsi que je nomme l'innervation,

quand elle a dépassé les bornes physiologiques) est-elle plus forte, vous la voyez s'irradier au loin. Il est constant, en effet, que plus est grande la stimulation reçue par un nerf, plus celui-ci transmet au loin l'impression reçue. Aussi arrive-t-il souvent que l'irritation se propage jusqu'au cerveau, par l'intermédiaire des nerfs, et là elle est perçue et convertie en cette sensation à laquelle nous donnons le nom de douleur.

Ce caractère physiologique de l'inflammation mérite bien certainement de fixer votre attention; permettez-moi de m'arrêter un moment sur ce sujet.

D'abord, qu'est-ce que c'est que la douleur physique? Quelle est son origine? quel est son siége? Combien y en a-t-il d'espèces? Indique-t-elle toujours une inflammation? Telles sont les questions nombreuses et importantes auxquelles j'aurais besoin de répondre pour compléter l'étude de la phlegmasie.

Quant à la première question, elle a été résolue également par tous les physiologistes; tous sont d'accord sur ce point, que la douleur est une sensation qui, comme toutes les autres, pour être perçue, exige impérieusement l'intégrité du cerveau. Son origine est évidemment dans l'impression reçue par les filets nerveux du point auquel nous rapportons cette sensation, puisque la ligature ou la section de ces nerfs empêche la douleur de se montrer.

On rapporte généralement le siége de la douleur à l'endroit impressionné. Les médecins et les philosophes disent que toute sensation se compose de l'impression reçue par l'organe, de sa transmission par l'intermédiaire des nerfs, et de sa transformation dans le cerveau en sensation, ou, en d'autres termes, de sa perception. M. Gall a, ce me semble, avec raison élevé quelques doutes à cet égard. Il a présumé, sans cependant l'affirmer, que la sensation s'opère dans le lieu qui a reçu l'impression. C'est, en effet, à ce point que nous rapportons la sensation, et non au cerveau. La seule objection valable qu'on fasse à cette théorie, c'est que la sensation cesse dès l'instant qu'on coupe le nerf destiné à transmettre l'impression reçue. Mais cette difficulté est facile à résoudre, si l'on admet qu'il existe une grande analogie entre l'influx nerveux et l'électricité. Si, par exemple, vous rompez la continuité d'un cercle électrique, l'électricté cesse de se produire. Eh bien! il en est de même pour les sensations. En effet, les nerfs vont former dans un lieu ou dans un autre des cercles électriques; les plexus, les ganglions et les centres nerveux eux-mêmes, ne sont autre chose que les parties où ces cercles se forment. Si vous coupez le nerf, vous détruisez la continuité du cercle nerveux, et la sensation est nécessairement abolie. Je ne vois donc pas dans ce fait, qu'on regarde généralement comme décisif, une objection qui soit insurmontable; bien mieux, je dis, puisque je rapporte la sensation à l'organe impressionné, et que, sans cet organe, le cerveau ne peut avoir aucune idée de la sensation, il est clair que la sensation a lieu dans le point qui a reçu l'impression. Ainsi, pour moi, le siége de la douleur n'est pas dans le cerveau, mais dans le lieu où je la ressens.

J'arrive à cette question, bien plus importante sous le rapport pratique : existe-t-il plusieurs espèces de douleurs? Il n'est certainement aucun médecin qui élève le moindre doute à cet égard; on en a même fait une nomenclature peut-être trop grande. Mais, sans parler des douleurs lancinantes, térébrantes, etc., je crois devoir signaler ici deux espèces de douleurs, dont la connaissance me paraît autrement avantageuse pour le traitement de la phlegmasie. Un exemple vous fera mieux saisir mon idée que tous les raisonnemens que je pourrais faire.

Quand un individu reçoit un coup ou qu'il se donne une entorse, aussitôt il éprouve une douleur très-vive, qui diminue graduellement et finit par disparaître. Mais la partie blessée devient-elle à la suite de cet accident le siége d'une inflammation, il se réveille bientôt une nouvelle douleur, qu'il faut bien distinguer de la première; car leurs causes sont bien différentes : tandis que la douleur primitive était produite par une cause mécanique ou par un agent extérieur, la seconde est due uniquement à l'action du sang sur les filets nerveux. Ainsi les calmans, les narcotiques, seront très-propres à faire cesser la douleur primitive, et les évacuations sanguines la seconde.

La douleur primitive est loin de se montrer toujours dans les phlegmasies; non-seulement on ne doit pas la trouver toutes les fois que l'inflammation reconnaît pour cause première un afflux de sang trop considérable, mais souvent même, quand elle est due à l'action des agens extérieurs ; car cette action peut fort bien n'avoir pas été assez forte dans le principe pour que l'impression reçue ait été transmise au cerveau par les filets nerveux, et, vous le savez, sans cette condition, aucune sensation ne peut être perçue ; il doit donc y avoir alors absence de douleur primitive.

En réfléchissant à ce que je viens de dire, on s'aperçoit que la douleur ne peut pas être la mesure exacte de la phlegmasie. Cela ne doit pas étonner, puisque nous savons que tant de causes, soit physiologiques, soit pathologiques, influent sur la sensibilité. Ainsi, le tempérament du malade, la nature de l'organe enflammé, l'intégrité ou la maladie du centre nerveux, l'énergie de la cause occasionnelle, le degré de la phlegmasie, sont autant de causes qui rendent ce symptôme variable. La phlegmasie la plus simple, par exemple, suffit chez une personne nerveuse pour produire la douleur la plus intense, tandis que la cause la plus énergique émeut à peine un individu d'un tempérament opposé. Le cerveau, les poumons, l'estomac, ne seront-ils pas plutôt douloureux que les os, les cartilages, etc.?

Non-seulement la douleur ne peut pas indiquer la force de la phlegmasie, mais encore cette maladie peut exister sans la moindre douleur, ou du moins sans que le malade ou le médecin puissent en avoir la conscience. Ainsi, quelquefois une douleur en masque une autre. Combien de fois, par exemple, la céphalalgie ne fait-elle pas taire la douleur de l'estomac dans la gastrite! D'autres fois, le malade dans le délire ne peut plus rendre compte des sensations qu'il éprouve, et alors la douleur, quoique perçue encore par lui, échappe à l'investigation du médecin. Dans beaucoup de cas cependant, si l'on comprime l'organe enflammé, les traits de la face ou les gestes nous font connaître que ce point est douloureux. Mais, lorsque le cerveau est dans une espèce de coma, alors la perception de la douleur est réellement abolie, et ni le malade ni le médecin ne peuvent en avoir la conscience.

Telles sont les difficultés nombreuses qui naissent de la nature même de ce symptôme. Il faut d'ailleurs ajouter encore que la douleur, surtout quand elle se montre dans les troncs nerveux, est souvent indépendante de toute inflammation, au moins dans le principe; car, pour peu que sa durée se prolonge, l'irritation se propage tout aussi bien aux fonctions organiques qu'à l'encéphale, et alors l'inflammation ne tarde pas à se montrer dans le lieu où les filets nerveux partant de ce tronc vont se distribuer.

L'inflammation est-elle portée au troisième degré, la douleur existe encore, mais elle est moins forte, l'innervation s'exerçant réellement avec moins d'activité. Il en résulte que la circulation capillaire ne se fait que lentement, si elle n'est totalement suspendue, que la nutrition, l'exhalation séreuse perdent également de leur activité. Ce que je dis ici n'est pas pure hypothèse, car tous les expérimentateurs qui ont observé, au microscope, l'état des parties enflammées, sont d'accord sur ce point, que la vitalité est réellement diminuée dans un organe, lorsqu'il est enflammé fortement. Ici donc vous voyez à la fois le trouble de l'innervation et sa diminution.

Mais comment l'innervation peut-elle diminuer quand une plus grande quantité de sang tend à exciter davantage les filets nerveux? Cette objection est certes bien facile à résoudre. Pour que l'innervation s'exerce librement, il faut que les filets nerveux ne soient pas comprimés, car dès l'instant qu'un nerf est serré, l'influx nerveux ne circule plus convenablement; or, c'est précisément ce qui arrive dans les cas où l'inflammation est portée à ce degré. L'observation prouve, en effet, qu'alors les capillaires trop distendus compriment entre eux les filets nerveux, de telle sorte que l'innervation ne peut plus avoir lieu comme de coutume.

Enfin, dans le dernier degré de la phlegmasie, l'innervation cesse : aussi plus de sensation, plus de douleur, plus de circulation capillaire, plus de nutrition, plus d'exhalation séreuse. La mort partielle de l'organe est survenue, la gangrène s'en est emparée.

La vie s'éteint dans un organe, toutes les fois que les filets nerveux qui s'y rendent sont liés ou coupés, ou, en d'autres termes, toutes les fois que la circulation nerveuse ne peut plus s'opérer. Or, c'est là ce qui arrive lorsque l'inflammation est très-forte.

Quand la fluxion sanguine est portée à son maximum d'intensité, le sang, abondant en trop grande quantité dans la partie malade, ne peut être employé, par l'organe, aussi vite qu'il y arrive; alors il stagne dans les capillaires qui, recevant à chaque instant un plus grand nombre de molécules sanguines, se dilatent et compriment entre eux les filets nerveux chargés de l'innervation, ce qui équivaut à leur ligature.

Ce qui prouve parfaitement que c'est la cessation de l'innervation qui produit la gangrène, c'est qu'au moment où la vie va s'éteindre, la douleur cesse. Cette remarque n'a pas échappé aux chirurgiens dans les cas de hernie étranglée. Une autre observation faite aussi par eux, et qui confirme cette opinion, c'est que lorsqu'une partie enflammée est entourée d'un lien ou d'une membrane fibreuse, la gangrène y survient plus promptement. De là, le précepte qu'ils ont tracé de débrider les aponévroses dans les plaies de membres. Enfin, la facilité avec laquelle se montre la gangrène dans les fièvres graves et dans les parties œdématiées, ne laisse plus aucun doute à l'égard de cette opinion.

Dans les fièvres adynamiques, ataxiques, typhoïdes, le système nerveux est dans un état réel de faiblesse; aussi la moindre compression sur les filets nerveux suffit-elle pour produire la gangrène du lieu où ils vont se distribuer. Les escharres au sacrum, sur les trochanters, sur les vésicatoires, qu'on voit se montrer dans ces cas, ne reconnaissent certainement pas d'autre cause. C'est ainsi que chez un individu dont la circulation est faible, la moindre compression sur une artère suffit pour y suspendre le cours du sang. Ces escharres gangréneuses ont été généralement attribuées, jusqu'à ces derniers temps, à la *malignité*, et cette erreur a fait commettre une faute grave dans le traitement. On a employé, pour panser ces plaies, des onguens stimulans, et surtout le quinquina. Qu'en est-il résulté? C'est que par ce moyen la phlegmasie, d'abord légère, devenait plus forte, et la gangrène se propageait. L'observation m'avait appris le danger des stimulans dans ces circonstances et l'avantage de leur substituer les émolliens. Aussi, je suivais cette méthode dans ma pratique, avant que la théorie vînt me confirmer la justesse de mon observation. Sans doute, les stimulans appliqués sur le lieu malade pourraient arrêter la mortification, si la faiblesse de l'innervation était purement locale, mais ignore-t-on que dans ces cas la faiblesse de l'innervation est générale et qu'elle tient à l'état du centre nerveux? Les excitans ne peuvent donc qu'augmenter la gangrène en rendant la phlegmasie locale plus forte, et par suite, la compression des filets nerveux chargés de l'innervation plus grande.

Les parties œdématiées sont dans le même état que celles qui sont enflammées. Peu importe, en effet, que les filets nerveux soient comprimés par les capillaires distendus par le sang ou bien par des cellules remplies de sérosité, leur compression n'en existe pas moins; aussi l'innervation s'y exécute-t-elle avec difficulté. Et si une phlegmasie, quelque légère qu'elle soit, vient à se montrer dans le lieu œdématié, l'innervation cesse, la mort partielle de l'organe s'ensuit. Dans ces cas, les plus légères mouchetures suffisent pour produire cet effet, et vous le prévenez en exerçant une compression en sens inverse, c'est-à-dire du dehors au dedans.

D'après cela, vous le voyez, il n'est pas nécessaire de supposer des causes spécifiques pour expliquer ces diverses gangrènes, et chose bien plus importante, il n'est pas nécessaire de remèdes également spécifiques.

Ces faits démontrent aussi bien clairement que la gangrène est due à la cessation de l'innervation par suite de la compression des filets nerveux qui sont chargés de cette importante fonction.

La gangrène, due à une phlegmasie, survient ou lorsque la décomposition organique est déjà commencée, ou avant que ce mouvement ait eu le temps de s'opérer; de là résulte toute la différence qu'on remarque entre la gangrène humide et la gangrène sèche. Dans ce dernier cas, l'escharre présente une couleur plus noire, parce que, vu la rapidité avec laquelle elle s'est formée, le sang n'a pas eu le temps d'être assimilé, et s'est, pour ainsi dire, carbonisé, à cause de la chaleur forte développée dans la partie malade. Dans les cas de gangrène humide, au contraire, l'escharre offre un aspect qui varie de la couleur lie de vin au gris, suivant que la décomposition organique était plus ou moins avancée au moment où la mortification est survenue; car, vous le savez, les molécules organiques, en se décomposant, passent successivement du rouge au noir, puis à la couleur lie de vin, de là au vert, ensuite au jaune, au gris, et enfin au blanc. Vous pouvez apercevoir parfaitement cette marche dans les ecchymoses et dans les ramollissemens.

Quelles que soient la couleur et la consistance des escharres gangréneuses, elles finissent par se détacher des parties saines, soit en totalité, soit par fragmens. L'époque de cette chute varie; cependant on peut observer que généralement les escharres humides sont plutôt éliminées que les autres, et que ce sont elles qui se réduisent plus facilement en parcelles. Au reste, quelle que soit l'époque de cette élimination, son mécanisme est toujours le même. Pour bien le concevoir, il faut se rappeler que l'inflammation a toujours un point central, d'où elle s'irradie dans les parties ambiantes, et que son intensité va en diminuant du centre à la circonférence. Si donc la fluxion sanguine est portée au point de produire la gangrène, on doit trouver au centre l'escharre gangréneuse, puisque c'est là que se trouve le plus haut degré de la phlegmasie. Plus loin doit se manifester la suppuration, puisqu'elle indique un moindre degré d'inflammation, comme nous le verrons dans un instant. A la circonférence enfin, il doit exister une simple injection sanguine, indice du plus faible degré de la phlegmasie. Ainsi, l'escharre n'est pas chassée, éliminée, comme on le dit, par un travail particulier, mais d'après cette loi bien simple, que toute phlegmasie va toujours en diminuant, du centre à la circonférence.

En résumant ce que je viens dire au sujet de l'innervation et du rôle qu'elle joue dans l'inflammation, on peut dire que son activité augmentant, cet état constitue l'irritation. Dans un second degré, à l'irritation peut se joindre le trouble de l'innervation. Ce changement est annoncé par la douleur et par l'accroissement de la vitalité des fonctions auxquelles l'innervation préside ; telles sont la circulation capillaire, la nutrition et l'exhalation séreuse. Dans un troisième degré, le trouble de l'innervation est encore sensible, la douleur peut être perçue, si d'ailleurs rien ne s'oppose à ce que ce symptôme se manifeste ; mais déjà l'innervation s'exerce avec moins de force qu'en santé, la circulation capillaire est lente, la nutrition n'a presque plus lieu, les cavités cellulaires n'exhalent que peu de sérosité. Tels sont, en effet, les caractères auxquels on reconnaît ce troisième degré d'altération que peut subir l'innervation. Dans un quatrième enfin, cette fonction est suspendue totalement ; de là la cessation de la vie dans la partie malade, puisque le rouage qui fait mouvoir toutes les autres fonctions a cessé d'agir.

Maintenant que j'ai tracé à grands traits les altérations que l'innervation peut subir, je vais parler de celles que la circulation capillaire est susceptible d'éprouver. J'aurais sans doute beaucoup de choses à dire sur un semblable sujet ; mais, pour ne pas me répéter, je renvoie à mon Mémoire sur la nature de l'inflammation où j'ai donné des développemens suffisans à cette matière ; je vais me contenter de signaler les quatre degrés d'altération dans cette fonction.

Dans la phlegmasie la plus légère, la circulation

capillaire est simplement activée, comme l'ont fait voir les expériences de Thomson, d'Hastings et de Kaltenbrunner. L'inflammation est-elle plus forte? Non-seulement le sang circule dans ces vaisseaux avec plus de vitesse, mais encore les contractions de ces vaisseaux s'exécutent d'une manière désordonnée, irrégulière, souvent dans un sens opposé à celui de la circulation ordinaire, le sang même pénètre dans les capillaires blancs, en un mot, la circulation capillaire est troublée en même temps qu'activée. Tous les expérimentateurs disent qu'il y a alors oscillation dans le sang contenu dans ces vaisseaux; la raison en est simple, c'est parce que, poussé contre des capillaires déjà remplis, il est obligé de refluer et de suivre une marche inverse de celle qu'il offrait en arrivant. A un degré plus élevé, le trouble que je viens de faire remarquer existe encore, mais il est accompagné d'un ralentissement dans la circulation, le sang stagne évidemment dans les capillaires distendus. Enfin, dans l'inflammation parvenue à son plus haut point, la circulation capillaire est suspendue. Telles sont les remarques auxquelles ont donné lieu les nombreuses observations et expériences microscopiques qu'on a eu l'occasion de faire jusqu'à ce jour.

Je passe donc, sans plus tarder, à l'étude des changemens que la fluxion sanguine produit dans la nutrition.

Dès l'instant que l'innervation et la circulation capillaire ont éprouvé des altérations telles que celles dont je viens de parler, il est évident que la nutrition doit participer plus ou moins à cet état de trouble. En effet, d'un côté l'innervation lui communique son degré d'activité, et de l'autre la circulation capillaire lui apporte, en quantité plus ou moins grande, les matériaux qu'elle doit mettre en œuvre.

La nutrition se compose de deux actes bien distincts. Par le premier, l'organe incorpore à sa propre substance les matériaux qu'il puise dans le sang : c'est l'assimilation ; par le second, les molécules organiques, après avoir séjourné pendant quelque temps dans l'organe, se désassimilent : c'est la décomposition. Dans l'assimilation, les molécules organiques, sorties du sang, passent de l'état liquide à l'état solide, elles se fixent pour devenir partie intégrante de l'organe. Dans le mouvement de décomposition, au contraire, les molécules organiques redeviennent liquides. Il est clair que, sans ce changement d'état, elles ne pourraient pas être reportées dans le torrent circulatoire par le moyen des lymphatiques et des veines. Il est donc aussi essentiel de distinguer l'acte de décomposition de l'absorption, qu'il l'est de ne pas confondre l'assimilation avec la circulation. Vous allez voir combien cette remarque est importante.

Puisque la nutrition se compose de deux actes différens, les caractères pathologiques fournis par cette fonction doivent varier suivant que l'altération qu'entraîne la phlegmasie porte plus sur l'un ou sur l'autre de ces actes. Il faut donc étudier séparément les changemens qui peuvent survenir dans l'assimilation et dans la décomposition.

Lorsque l'innervation est accrue, ai-je dit, la circulation capillaire devient plus active. Dès lors l'assimilation ne peut rester dans son état normal, puisque d'un côté, l'innervation tend à lui communiquer son activité, et que de l'autre, la circulation lui apporte une plus grande quantité de matériaux ; aussi, voyons-nous que sa vitalité augmente dans ce cas. L'assimilation devenant plus active, il en résulte, pour l'organe malade, un accroissement de volume et une dureté insolites, puisque cet organe s'est incorporé un plus grand nombre de molécules organiques, et que ces molécules sont plus rapprochées, plus serrées les unes contre les autres. Ce symptôme est connu sous le nom d'hypertrophie ou de gonflement inflammatoire, suivant les circonstances. Ces deux mots ne sont cependant pas synonymes. Voici, ce me semble, la distinction qu'on pourrait établir entre l'hypertrophie et le gonflement inflammatoire. Quand l'afflux de sang qui constitue la phlegmasie ne s'opère que lentement et de telle sorte que l'assimilation puisse dépenser ce liquide au fur et à mesure qu'il arrive, l'accroissement de volume qui en résulte est entièrement dû à l'incorporation d'un plus grand nombre de molécules dans l'organe malade, et alors on peut nommer ce changement de volume hypertrophie ; mais lorsque la fluxion sanguine s'opère d'une manière trop rapide, le sang ne pouvant être dépensé aussi vite qu'il arrive dans l'organe malade, doit nécessairement refluer dans les capillaires, et les distendre. Cette distension des capillaires est la cause d'une nouvelle sorte de tuméfaction, et c'est à celle-ci que doit être réservé le nom de gonflement inflammatoire.

Il faut cependant l'avouer, cette distinction entre la tuméfaction par hypertrophie et celle par distension des capillaires, est plus aisée à faire en théorie qu'en pratique, par cela seul, que souvent le gonflement tient à ces deux causes à la fois. C'est, par exemple, ce qui a lieu dans presque toutes les phlegmasies chroniques.

On a beaucoup discuté pour savoir si l'hypertrophie est toujours dépendante d'une phlegmasie. Ces discussions auraient bientôt cessé si l'on eût d'abord bien fixé ce qu'on entend par inflammation; si, comme moi, on eût donné ce nom à toute fluxion sanguine qui dépasse les bornes physiologiques. Il est clair, en raisonnant dans ce sens, que l'assimilation ne peut incorporer un plus grand nombre de matériaux dans un organe que tout autant que la circulation lui en apporte davantage. Il ne peut donc pas y avoir hypertrophie sans inflammation préalable.

L'organe simplement hyperthrophié conserve sa couleur naturelle et les autres conditions de structure qui lui sont propres; mais, lorsque l'inflammation est portée à un plus haut degré, la nutrition s'altère. Ainsi, le tissu cellulaire qui, dans l'état naturel, n'assimile à sa propre substance que les molécules albumineuses du sang, lorsqu'il est suffisamment enflammé, s'incorpore les molécules fibrineuses de ce liquide. On reconnaît ce changement, dans la nutrition, à la couleur que revêt ce système organique. Il est, en effet, dans ce cas, rouge, non-seulement par l'injection des vaisseaux, mais encore par ses lames.

Quand la phlegmasie acquiert une plus grande force, la nutrition, quoique encore troublée, diminue de force. Aussi, voyons-nous que, tandis que dans les deux premières périodes de l'inflammation, l'organe malade s'assimilait un plus grand nombre de molécules, et par conséquent augmentait de volume et de dureté, dans les suivans, au contraire, sa consistance diminue, il se ramollit.

Dans l'état naturel, il y a équilibre entre les mouvemens d'assimilation et de décomposition; sans cela l'organe augmenterait indéfiniment de volume, si le premier prédominait, ou finirait par disparaître, si le second avait le dessus.

Pendant les premiers temps d'une inflammation, c'est-à-dire, tant que la vitalité de l'organe malade est augmentée, l'acte d'assimilation l'emporte sur celui de décomposition, et alors il y a réellement hypertrophie; mais quand la nutrition est gênée ainsi que l'innervation, par suite d'une trop grande distension des capillaires, alors l'assimilation est enrayée, elle ne s'exécute que faiblement, tandis que la décomposition, qui est un phénomène purement physique, indépendant de l'innervation, reste le même, ou mieux devient plus actif, parce qu'il s'exerce sur un plus grand nombre de molécules organiques que la partie malade s'était incorporées. L'acte de décomposition l'emporte alors véritablement sur celui d'assimilation. Et comme, par la désassimilation, les molécules organiques passent de l'état solide à l'état liquide, il s'ensuit une diminution dans la consistance de l'organe, un ramollissement.

Les molécules organiques passent du rouge à la couleur lie de vin, puis au vert, ensuite au jaune, et finissent par devenir tout-à-fait blanches. Ces changemens de couleur sont aisés à voir dans un ecchymose. Ils sont aussi très-sensibles dans les ramollissemens, et indiquent bien, ce me semble, que cette altération pathologique est due à la décomposition des molécules organiques.

Il n'existe pas une très-grande différence entre les ramollissemens et la suppuration. Je suppose, par exemple, que dans un organe enflammé par les causes que j'ai indiquées ci-dessus, la décomposition l'emporte, il y aura ramollissement tant que les absorbans veineux ou lymphatiques pourront absorber tous les matériaux résultant de la décomposition; nous n'apercevons alors d'autre changement que le ramollissement; mais si ces matériaux sont tellement abondans que ni les veines, ni les lymphatiques ne puissent plus suffire pour les absorber, alors ils séjourneront forcément dans la partie malade; il y aura suppuration, *abcès, collection purulente.*

Si la partie qui se décompose ainsi est située sur une des surfaces du corps, le résidu de la décomposition, ou, en d'autres termes, le pus, ne séjournera pas dans le lieu malade; il s'écoulera au dehors au fur et à mesure de sa formation, et il restera à l'endroit malade une excavation, une *ulcération*.

Telle est l'origine de beaucoup d'abcès et d'ulcérations. On ne peut disconvenir, en effet, que dans beaucoup de cas, une désorganisation plus ou moins complète ne soit le résultat de la suppuration, pour employer le langage ordinaire, ou mieux que le pus ne soit le produit de la décomposition organique. Mais il n'en est pas toujours ainsi. Je vous montrerai tout à l'heure que le pus est aussi quelquefois le produit d'une simple exhalation, d'où vous serez forcé de conclure que ce liquide peut provenir de deux sources bien distinctes.

L'inflammation portée plus loin, au quatrième degré, entraîne la suspension de la nutrition, comme nous avons déjà vu qu'elle amène la cessation de l'innervation et celle de la circulation capillaire. Le résultat est le même. La gangrène en est la suite inévitable. Cette suspension de la nutrition arrive-t-elle avant que la décomposition organique ait eu le temps de se montrer, la gangrène est sèche; elle est au contraire humide, si la décomposition était plus ou moins avancée: c'est aussi à cette dernière condition qu'on doit la couleur variable des escharres gangréneuses. Les altérations qu'éprouve la nutrition pendant la phlegmasie sont donc très-utiles à connaître :

Première période, surcroît de vitalité, hypertrophie ou gonflement inflammatoire;

Deuxième période, assimilation des matériaux qui n'entrent pas ordinairement dans la composition de l'organe malade;

Troisième période, ramollissement, suppuration, ulcérations ;

Quatrième période, gangrène.

Le tissu cellulaire est répandu partout dans notre corps, il forme, si je puis m'exprimer ainsi, la gangue dans laquelle se trouvent empâtés tous nos organes ; et comme sa fonction principale est d'exhaler de la sérosité, il en résulte qu'il n'est pas, dans notre corps, de point, si minime qu'il soit, où il ne s'opère une exhalation séreuse.

Dans la phlegmasie, la fonction cellulaire joue un rôle très-important qui me semble jusqu'ici n'avoir pas été assez apprécié. J'appellerai donc sur ce sujet toute l'attention des médecins.

D'abord, dès qu'il existe une inflammation dans un point, l'exhalation séreuse augmente. Elle augmente, parce que, d'un côté, l'accroissement de l'innervation lui communique un plus haut degré d'activité, et de l'autre, parce que le sang lui fournit plus de matériaux. Ce fait est trop facile à constater dans toutes les inflammations pour pouvoir être mis en doute.

L'augmentation de sérosité dans les mailles du tissu cellulaire n'est pas propre exclusivement à la phlegmasie ; un obstacle à la circulation locale ou générale peut produire le même phénomène.

Cependant, dès que l'inflammation a dépassé son minimum, il est aisé de distinguer la sérosité qui est le produit de l'inflammation, de celle qui est due à un simple obstacle à la circulation. En effet, dans ce dernier cas, elle conserve les caractères qui lui sont propres, tandis que dans le premier la proportion et la nature de ses élémens changent.

Le premier trouble qui survient dans la sérosité, c'est l'addition d'une proportion plus grande de l'un des élémens qui entrent dans sa composition, de l'albumine. En effet, pour peu que la phlegmasie soit active, il se trouve beaucoup plus d'albumine dans la sérosité.

En analysant la sérosité contenue dans l'abdomen, dans les ventricules du cerveau, dans l'arachnoïde spinale, etc., quand ce liquide y est accumulé par un obstacle à la circulation, on n'y trouve que de 1, 50 à 2, 50 pour 100 d'albumine. Dans les cas d'inflammation, au contraire, la proportion d'albumine devient bien plus considérable, elle est de 6 à 8 p. 100. C'est ce dont j'ai pu me convaincre, soit en comparant les expériences que j'ai vues dans les auteurs, soit par les analyses que j'ai eu l'occassion de faire moi-même.

Ne croyez pas que l'albumine augmente ainsi seulement dans le lieu enflammé. Trail, en Angleterre, et M. Gendrin, en France, ont constaté que dans les phlegmasies avec fièvre le sérum du sang tiré d'une veine fournit une proportion presque double d'albumine. Ainsi donc, il est bien constant qu'un des élémens de la sérosité augmente de proportion dans la phlegmasie.

Quelquefois cette albumine surabondante se précipite en se coagulant, sous forme d'un corps roux, semi-transparent, semblable à de la colle. C'est ce que, d'après Laennec, tous les anatomistes nomment aujourd'hui matière colloïde. Pour trouver la vérité de ce que j'avance, il ne s'agit pas de faire de grandes expériences ; on n'a qu'à prendre du blanc d'œuf frais et à le laisser séjourner dans un vase : bientôt on le voit se diviser en deux parties, dont l'une, très-liquide, surnage, et l'autre, à demi-solide, se précipite; si dans cet état vous voulez décanter le blanc d'œuf, la partie liquide s'écoule aisément, mais arrivé à l'albumine demi-solide, ou cette portion reste dans le vase, si vous ne l'inclinez pas assez, ou bien, si vous le penchez suffisamment, elle s'échappe tout-à-coup en ne formant qu'un seul corps, difficile à diviser. Si vous examinez ce résidu, vous y reconnaissez parfaitement la matière colloïde de Laennec, surtout si l'on a eu occasion, comme moi, de voir ce produit dans un grand développement.

En 1825 j'amputai un éléphantiasis des bourses qui descendait jusqu'aux genoux. Sans entrer dans tous les détails de cette observation, qui sont inutiles ici, je dirai que cette tumeur était formée de deux parties, l'une au dehors, constituant l'écorce, et l'autre au-dedans, formant le noyau. La première était due évidemment à l'épaississement de la peau avec dureté de son tissu. Quant à l'autre, il était clair à mes yeux qu'elle était due au tissu cellulaire dont les mailles, singulièrement agrandies, contenaient, dans leur intérieur, de la sérosité, au milieu de laquelle se trouvaient des corps arrondis ayant l'aspect de la colle épaissie. Toutes ces cellules, se tenant les unes aux autres, ressemblaient à des kystes adossés et adhérens. En ouvrant ces cellules, dont beaucoup avaient acquis le volume du poing, la sérosité s'écoulait et la matiere colloïde tombait. On aurait pu croire, au premier abord, que c'était un kyste qui s'était détaché; mais, avec un peu d'attention, il était aisé d'éviter cette erreur et de se convaincre que ce qu'on aurait pu prendre pour un kyste n'était qu'une cellule naturelle dilatée.

La sérosité exhalée dans le tissu cellulaire enflammé peut donc devenir plus albumineuse, et, si la proportion d'albumine est trop considérable, une partie se dépose et forme ce qu'on nomme matière colloïde.

La partie d'albumine, ainsi déposée, ne conserve pas toujours cette consistance gélatineuse; elle tend à durcir de plus en plus, et finit par devenir cartilagineuse. On ne peut en douter quand on a observé de grosses masses colloïdes; car, si on les a incisées, on s'est assurément aperçu que le centre forme un noyau endurci, ayant, dans beaucoup de cas, tous les caractères d'un cartilage. On en trouve des exemples dans l'ouvrage de M. Alard sur l'inflammation des vaisseaux absorbans lymphatiques. D'ailleurs on n'a qu'à lire avec attention les nombreuses observations de corps étrangers trouvés dans les articulations; on voit que, dans presque tous les cas, ces corps sont libres de toute adhérence, et que tantôt on les trouve à l'état de matière colloïde, et tantôt à l'état cartilagineux; or, comment ces corps auraient-ils pu se former ainsi, si ce n'est par le dépôt d'un des élémens qui entrent dans la composition de la sérosité? Et pourquoi se présentent-ils plus souvent dans les articulations que dans les autres cavités séreuses? C'est parce que la synovie est toujours et naturellement plus albumineuse que la sérosité ordinaire. Observez bien encore que ces corps étrangers se montrent ou après une chute, ou après une inflammation appelée rhumatismale, ou enfin chez des vieillards, circonstances qui toutes tendent à augmenter la proportion de l'albumine contenue dans la sérosité ou dans la synovie. Il ne faut pas croire non plus que des masses colloïdes ou cartilagineuses soient particulières aux articulations. M. Andral en a trouvé dans les plèvres, ainsi que moi. Je sais que cela ne prouve pas, absolument parlant, que les cartilages puissent se développer dans le tissu cellulaire, mais l'analogie est si grande entre les séreuses et les cavités cellulaires, qu'on peut presque conclure que leurs maladies sont analogues. Chez un canonnier sédentaire, mort phthisique, à ce que l'on croyait, nous avons trouvé le tissu cellulaire des poumons infiltré de matière colloïde, devenue cartilagineuse dans plusieurs points. Voici d'ailleurs comment s'exprime M. Andral, à ce sujet, dans son Précis d'anatomie pathologique, tome 1, page 287. « Ce n'est pas seulement dans les membranes séreuses et dans les articulations, qu'apparaissent les corps cartilagineux isolés. Une fois, j'en ai trouvé un, gros comme un pois, au milieu du tissu adipeux de l'orbite. Un autre a été rencontré par le professeur Fizeau, dans l'intérieur du globe oculaire, entre la capsule cristalline et la lame de la tunique hyaloïde qui l'enveloppe en arrière. J'ai trouvé sur deux cadavres des kystes à parois séreuses qui, dans leur intérieur, contenaient plusieurs de ces concrétions cartilagineuses, libres de toutes parts, et comme suspendues au milieu d'une sérosité limpide et incolore dans un cas, trouble et d'un gris sale dans l'autre cas. Le premier de ces kystes, du volume d'une noix, était situé sur le trajet d'un des cordons testiculaires. Il renfermait cinq corpuscules cartilagineux, dont le plus gros égalait à peine le volume d'un petit pois. Le second de ces kystes, trouvé dans l'excavation du petit bassin d'une vieille femme, adhérait par l'un de ses côtés avec le morceau frangé de l'une des trompes. Il était de la grosseur d'un œuf de poule et contenait huit petites concrétions cartilagineuses arrondies. »

En cas pareil, ces concrétions ne semblent-elles pas nées au milieu du liquide où on les trouve? Il serait, en effet, bien difficile de leur donner une autre origine, et, d'après ce que j'ai dit au sujet du dépôt d'albumine qui se forme quand la sérosité en contient une trop grande quantité, cette opinion me semble tout-à-fait démontrée.

Ces cartilages passent souvent à l'état de concrétions calcaires. Pour s'en convaincre, on n'a qu'à lire les observations publiées jusqu'à ce jour sur les concrétions moitié calcaires, moitié cartilagineuses, trouvées à l'état libre dans les articulations, dans la tunique vaginale, et même dans d'autres séreuses. Vous verrez par ces faits que le cartilage a toujours précédé la concrétion calcaire.

Il n'est pas fort difficile d'expliquer comment une masse cartilagineuse peut ainsi devenir calcaire. En effet, vous savez que la partie albumineuse qui se solidifie pour devenir matière colloïde, et plus tard cartilage, ne contient pas seulement de l'albumine, mais renferme encore des sels à base calcaire pour la plupart. Quand, au moyen de l'absorption, l'eau et l'albumine qui composent ces concrétions cartilagineuses sont absorbées, il ne reste que les sels calcaires unis par une portion de l'albumine et qui constituent ces corps durs et comme osseux. Ils diffèrent essentiellement des os en ce qu'ils sont entièrement inorganiques, qu'on ne peut y apercevoir la moindre trace d'organisation. Ce n'est pas que ces corps cartilagineux ne puissent réellement devenir quelquefois osseux, mais pour cela il faut qu'ils adhèrent à une surface vivante. Sans cette dernière condition, comme je le démontrerai plus tard, il est impossible que ces corps soient doués de la vie.

Ainsi, en résumé, la sérosité exhalée dans le tissu cellulaire enflammé devient souvent plus albumineuse. Une partie de cette albumine surabondante se précipite-t-elle sous forme gélatineuse, on la nomme matière colloïde; en s'épaississant de plus en plus, la matière colloïde revêt les caractères du cartilage, et ce dernier, en perdant son eau et laissant à nu ses sels, se transforme en concrétion calcaire; il devient os s'il adhère à une surface vivante.

Non-seulement un des élémens qui se trouvent dans la sérosité peut augmenter de proportion, mais encore il peut se montrer dans ce liquide un élément qui n'y est pas ordinairement contenu : c'est la fibrine décolorée.

Tandis que l'augmentation d'albumine n'avait pas fait changer sensiblement la couleur de la sérosité, l'introduction de la fibrine décolorée communique à ce liquide une couleur plus ou moins blanche. On la nomme alors sérosité purulente ou pus.

Le pus varie sans doute beaucoup par sa couleur, par sa consistance, etc., mais toujours il se divise en deux parties, une liquide et l'autre solide. Cette dernière est composée de molécules qui se précipitent par le repos. Tous les pathologistes sont d'accord sur la nature du liquide qui entre dans la composition du pus, tous le considèrent comme formé d'eau chargée d'albumine et de quelques sels, principalement à base calcaire.

Quant à la partie solide, à celle qui se précipite, on n'a pas les mêmes idées. Les uns regardent cette portion comme purement albumineuse, et d'autres, avec M. Gendrin, prétendent qu'elle est composée de fibrine et d'un peu de sérosité albumineuse.

Il est facile de démontrer que les flocons appelés fort improprement albumineux, ne sont pas formés d'albumine exclusivement; 1° l'albumine se dissout parfaitement dans l'eau chaude quand elle est légèrement alcaline, et c'est là le caractère de la sérosité. Dans le blanc d'œuf, par exemple, on trouve jusqu'à 16 pour 100 d'albumine: or, dans le sang, jamais on ne l'y a vue dans cette proportion. 2° L'albumine dissoute dans la sérosité ne change pas la transparence de ce liquide. Voyez le blanc d'œuf, la matière colloïde; pour que l'albumine se précipitât ainsi dans la sérosité, sous forme de flocons blancs, il faudrait, ou une température que notre corps ne pourrait pas acquérir impunément (74°), ou la présence d'un acide dans la sérosité; or, il est facile de se convaincre que ce liquide est encore alcalin dans ces circonstances; il ne devient acide que par son contact prolongé avec l'air atmosphérique.

La fibrine, au contraire, est insoluble dans l'eau même alcaline. Elle peut bien y rester suspendue par un mouvement continuel, comme cela a lieu dans le sang; mais, dès l'instant que le liquide est en repos, aussitôt elle se précipite sous forme de caillots, de flocons. D'ailleurs, des chimistes distingués ont recueilli cette matière déposée sur des séreuses, et ont trouvé qu'elle était formée de sérosité très-albumineuse, et de 50 à 65 pour 100 de fibrine. Tels sont J. Davy, MM. Dupuy, Lassaigne et Gendrin. Or, a-t-on jamais trouvé l'albumine dans une telle proportion?

Ce dernier auteur a même vu, dans ses nombreuses expériences microscopiques, les molécules du sang se convertir graduellement et par des nuances presque insensibles en molécules purulentes. Comment donc douter encore après ces faits de la nature fibreuse du pus?

Maintenant la nature du pus nous est donc connue. Il est composé d'eau, d'albumine, de fibrine et de quelques sels. Mais cela ne suffit pas, il faut tâcher de découvrir comment la fibrine peut se montrer dans la sérosité, tandis que dans l'état naturel ce liquide n'en contient pas ; ou, en d'autres termes, il faut découvrir le mécanisme puogénique. Je ne rapporterai pas ici toutes les hypothèses qui ont été imaginées pour expliquer ce phénomène. Cela m'amènerait trop loin. D'ailleurs, aujourd'hui tous les pathologistes à peu près sont d'accord sur ce point, que le pus est le produit d'une sécrétion morbide.

Vous avez vu plus bas que quelquefois le pus provient d'une altération de la nutrition, de l'acte de décomposition. Les ulcérations qui en résultent, les déperditions de substance qu'on voit survenir dans l'intérieur de nos organes, à la suite de la suppuration, sont des preuves irrécusables que le pus peut provenir de deux sources bien distinctes. Après avoir signalé la première, il me restait à parler de la seconde. Le pus qui vient de cette dernière source est dû réellement à une sécrétion morbide.

Mais quel est l'organe spécialement chargé de la sécrétion du pus? Est-il besoin, comme le pense M. Delpech, d'une membrane puogénique pour engendrer la sérosité purulente ou le pus? Ce produit nouveau de l'organisation n'est-il pas élaboré par le tissu cellulaire ou par les organes formés par cet élément organique? Ne se trouve-t-il pas enfin tout formé dans le sang? Telles sont les questions les plus importantes à examiner.

« Une remarque intéressante, dit M. Delpech, qui s'applique à ces derniers cas (épanchemens purulens) et qui ne nous semble pas avoir assez fixé l'attention des observateurs, c'est que la plèvre, par exemple, est revêtue partout d'une couche pseudo-membraneuse très-épaisse; que la membrane normale n'est pas en contact avec la matière de l'épanchement, mais bien ce nouvel organe; que sa densité, son épaisseur ne permettent guère d'admettre que le pus formé par la plèvre traverserait son enveloppe; qu'il est plus vraisemblable qu'il est sécrété par la pseudo-membrane elle-même; que cette opinion est corroborée par la remarque que cet organe pseudo-membraneux se trouve partout où il y a suppuration par celles que les membranes séreuses ou le tissu des divers organes qu'il recouvre alors, ne présentent presque pas d'altération au-dessous de cette membrane. »

Cette hypothèse repose sur un fait incontestable, c'est la constance d'un dépôt susceptible de s'organiser toutes les fois qu'il y a suppuration. Mais il est impossible d'en tirer les conséquences qu'en déduit le savant professeur de Montpellier; car, d'un côté toutes les membranes chargées d'exhalation sont de nature albumineuse, tandis que le dépôt dont parle M. Delpech est toujours fibrineux; et d'un autre côté, pour être susceptible d'exhalation, cette pseudo-membrane devrait être organisée avant la sécrétion purulente, et il est de toute évidence que ce dépôt est amorphe dans le principe; ce n'est que plus tard qu'il s'organise. Cette hypothèse s'écroule donc en présence des faits.

Puisqu'il est impossible de supposer que la couche fibrineuse déposée sur une surface suppurante soit l'organe sécréteur du pus, il faut bien admettre que c'est la surface elle-même qui exhale ce liquide. Et comme ce qui exhale partout de la sérosité, c'est le tissu cellulaire, nous sommes forcé d'en conclure que c'est cet élément organique ou les organes qui en sont formés, qui fournissent la sérosité purulente ou le pus.

Mais est-ce le tissu cellulaire qui dépouille ainsi la fibrine de sa matière colorante et qui la fait passer à travers sa surface, ou bien le pus était-il tout formé dans le sang et n'a-t-il fait pour ainsi dire que se filtrer à travers les parois des cellules? Cette dernière supposition me semble infiniment probable, d'après les analyses du sang qu'on a faites dans les cas de phlegmasie. En effet, chez un individu atteint d'une inflammation un peu forte, le sang qu'on retire d'une veine est surmonté d'une couche plus ou moins épaisse, composée, comme la sérosité purulente, de fibrine et de sérum très-albumineux. Et puisque cette couche, connue sous le nom de couenne inflammatoire, offre le même aspect et présente la même nature chimique que le pus, comment ne pas en conclure que le tissu cellulaire a puisé ce liquide tout formé dans le sang? D'ailleurs, la fibrine colorée elle-même ne se montre-t-elle pas dans la sérosité dite sanguinolente?

Mais, me direz-vous peut-être, vous ne faites là que reculer la difficulté et vous ne la résolvez pas, car à présent nous pouvons vous demander comment ce produit nouveau de l'inflammation se forme dans le sang? J'avoue franchement que cette question ne me semble pas possible à résoudre de manière à ne plus laisser aucun doute. Cependant, en lisant avec attention les recherches faites par MM. Ratier, Belhomme et Gendrin sur le développement de la couenne inflammatoire, je me suis convaincu que la chaleur exerce une grande influence sur la production de ce nouveau corps. On voit en effet, par les expériences de ces médecins, que lorsqu'on pratique une saignée, tout ce qui tend à abaisser promptement la température du sang s'oppose à la formation de la couenne pleurétique, et qu'au contraire tout ce qui maintient ou élève sa température, favorise au dernier point son développement. D'un autre côté, M. Gendrin a observé que plus la fièvre augmente, plus la couenne acquiert de l'accroissement, parce que, dans ces cas, la chaleur est plus forte. Tant qu'une inflammation n'est pas portée au point d'entraîner la fièvre, la température n'est plus élevée que dans le lieu malade, et ce n'est que là qu'on aperçoit la couenne; quand il y a fièvre tout le sang est couenneux. Cette proposition est si vraie, que lorsqu'une inflammation est portée au point d'enchaîner les forces, de produire l'adynamie, comme on dit, et que par conséquent la circulation est moins active, la chaleur animale moins forte, le sang cesse d'être couenneux et ne le redevient que lorsque la fièvre reparaît. La 190e observation rapportée par M. Gendrin est surtout remarquable sous ce rapport. Pour pouvoir résoudre entièrement ce problème, il ne reste donc qu'à découvrir comment la chaleur peut ainsi produire une plus grande quantité d'albumine dans le sérum, et dépouiller en même temps une partie de la fibrine de son enveloppe colorante; c'est ce que je n'ai pu encore déterminer que d'une manière approximative. Il est probable que ce n'est pas l'albumine qui a augmenté, mais l'eau de la sérosité qui a diminué. Cela change toujours la proportion de l'un à l'autre de ces élémens du sérum.

D'un autre côté, le sang circulant avec plus de rapidité, il se trouve plus fouetté; or, nous savons que lorsque nous traitons ainsi ce fluide après sa sortie d'un vaisseau, la fibrine se dépouille de son enveloppe colorante.

Quoi qu'il en soit de l'origine et du mécanisme de la suppuration, il n'en est pas moins vrai que le pus se divise en deux portions dont une se précipite sous forme de flocons. Quelquefois cette portion s'attache aux parois de la surface exhalante, et d'autres fois elle reste libre de toute adhérence. Dans le premier cas, cette partie fibrineuse s'organise, et dans l'autre elle reste amorphe. Il faut examiner à présent quelles sont les conditions dans lesquelles cette matière devient vivante.

Lorsque du pus est exhalé par une surface vivante, la partie qui se précipite vient se déposer en plus ou moins grande quantité sur cette surface, y forme une couche qu'on nomme pseudo-membraneuse, et cette pseudo-membrane ne tarde pas à s'organiser. Voici comment s'opère cette organisation.

« Aussitôt que l'organisation commence dans une pseudo-membrane, dit M. Gendrin, que je me plais toujours à citer comme un des meilleurs observateurs, on remarque une adhérence plus marquée du tissu qui va la former avec la surface de la séreuse. Aux points où cette adhérence est la plus intime, la surface séreuse est devenue rouge et rugueuse; la rougeur et les rugosités ont une disposition ponctuée; la surface séreuse, examinée à la loupe, est réellement alors couverte de petites aspérités vasculaires rouges, dans lesquelles on voit avec une forte loupe aboutir des capillaires rouges distendus. Aux points correspondans à ces petits bourgeons, la pseudo-membrane présente de petites taches rouges qui se rapportent évidemment à ces petites rugosités. Chacune d'elles pénétrait légèrement dans chacun de ces points, dans l'épaisseur de la matière plastique; car on voit à la loupe que les petites taches de cette matière sont infundibuliformes, et que les petits godets qu'elles présentent sont lacérés sur leurs parois. Lorsque l'on place sous le microscope une petite portion de pseudo-membrane arrivée à ce degré, on voit que chacun des petits godets rouges sert de base à une ou deux, quelquefois même à trois stries jaunâtres flexueuses, qui se dirigent sur la surface adhérente de cette membrane et peuvent avoir une demi-ligne d'étendue au plus, sur moins d'un 50e de ligne de diamètre. Ces stries sont rugueuses, inégales sur leurs bords qui ne sont pas bien arrêtés. »

Ces vaisseaux rudimentaires deviennent de plus en plus visibles au fur et à mesure que l'organisation avance. Ces observations prouvent que, pour que cette matière primitivement amorphe puisse s'organiser, il faut qu'elle soit déposée et qu'elle adhère à une surface déjà vivante, puisque c'est de cette dernière que partent les premiers rudimens vasculaires.

Cette condition d'organisation devient encore plus évidente quand la matière fibrineuse est déposée entre deux surfaces vivantes, car alors on y voit l'organisation pénétrer des deux côtés.

« Quand on examine avec une forte loupe deux morceaux d'intestin réunis, on voit alors se former des points rouges qui surviennent toujours sur le trajet des capillaires très-déliés qui sont sous la séreuse; ces petits points traversent cette membrane, ils s'alongent en stries et sont pénétrés par du sang. Arrivés à la surface de la séreuse, ils entrent obliquement dans le sens de la circulation, dans la petite couche plastique où ils rencontrent d'autres capillaires frangés et irréguliers comme eux, qui viennent de même de l'autre surface. Les communications vasculaires finissent ainsi par s'opérer à angle aigu, dont l'ouverture est tournée du côté des troncs, ou par des branches qui se forment en divergeant des troncs qui cheminent quelquefois dans l'adhérence parallèlement les uns aux autres. »

La nature suit absolument la même marche dans la production des brides et des lames membraneuses qu'on trouve dans certaines cavités. Toute la différence consiste en ce que tant que la matière organisable est assez molle, elle s'alonge entre les deux surfaces mises en mouvement, comme une pâte gluante le fait entre les doigts, quand on les écarte.

Les adhérences immédiates qui se font entre les lèvres d'une solution de continuité, s'opèrent par l'intermédiaire d'une couche fibreuse qui s'organise en adhérant aux deux lèvres de la plaie. Et c'est toujours des surfaces vivantes que partent les premiers rudimens d'organisation. Peu importe, en effet, que la couche pseudo-membraneuse soit due à une simple exhalation purulente, ou au tissu cellulaire divisé, le mécanisme est toujours le même; il est inutile de reproduire ici les expériences qui démontrent cette proposition, car ce serait répéter, à peu de choses près, ce que je viens de dire plus haut.

La manière dont se forment les cicatrices mérite de nous arrêter un peu plus. Aucun médecin n'ignore aujourd'hui que les cicatrices qui se forment sur une surface ulcérée, ont pour origine la matière organisable qui se trouve dans le pus. Si, en effet, on enlève ce liquide au fur et à mesure qu'il est produit, on s'oppose sûrement à la cicatrisation. Cette remarque, que Galien avait déjà faite, et que l'on a confirmée de nos jours, rend cette opinion incontestable.

Quelques médecins avaient cru que les bourgeons charnus qu'on aperçoit sur une plaie en suppuration étaient l'origine de toute cicatrice; mais si l'on observe que ces bourgeons ne sont autre chose que des cavités du tissu cellulaire, remplies d'une sérosité plus ou moins altérée, ce dont il est facile de se convaincre, en perçant avec une lancette quelques-uns de ces bourgeons, et que cependant la nature fibreuse des cicatrices ne peut être révoquée en doute, il est aisé de voir que les bourgeons ne peuvent pas former la base des cicatrices. D'ailleurs, si l'on examine attentivement la marche de la nature dans ces circonstances, on voit clairement qu'une partie de la matière organisable du pus se dépose sur la surface ulcérée, y adhère en comblant les intervalles qui séparent les bourgeons charnus, et nivelant les chairs, comme disent les chirurgiens, et que la vie pénètre dans cette matière primitivement amorphe.

La plupart des pathologistes sont d'accord sur ce point, que les cicatrices sont absolument de la même nature que les adhérens, etc.; donc elles s'organisent de même. M. Delpech est, à mon avis, celui qui a le mieux décrit le tissu des cicatrices et qui en a le mieux fait voir la nature fibreuse et non cellulaire. Il a surtout étudié avec beaucoup de soin la force rétractile de ce tissu, objet très-important à connaître pour la chirurgie pratique, mais il ne me semble pas en avoir bien saisi la cause. La matière qui se dépose est composée, avons-nous dit, de fibrine et de sérosité très-albumineuse. Si l'on soumet à la congélation cette substance encore amorphe, on s'aperçoit déjà que la sérosité albumineuse est contenue dans de petites cavités logées dans la fibrine, mais on ne reconnaît encore aucune organisation dans cette substance comme spongieuse. Ce n'est que plus tard que la vascularisation commence à devenir évidente. Au fur et à mesure que l'organisation s'avance, la sérosité diminue, le tissu se condense, la spongiosité disparaît. C'est en perdant, si je puis m'exprimer ainsi, leur eau de cristallisation, que les cicatrices deviennent extrêmement rétractiles. Ce phénomène, comme vous le voyez, est purement physique.

Il est évident, d'apres les détails dans lesquels je viens d'entrer, que la partie coagulable du pus est susceptible de s'organiser toutes les fois qu'elle adhère à une surface vivante. Dans tous les cas que j'ai examinés jusqu'ici, il a été possible de prendre, pour ainsi dire, la nature sur le fait, parce que ces organisations ont eu lieu à la surface du corps; mais quand le pus est contenu intérieurement dans les cavités cellulaires, il devient très-difficile de voir ce qui se passe. Cependant, raisonnant par analogie, nous devons penser que, puisque la partie coagulable du pus s'organise à la surface, quand ce liquide est exhalé dans les cellules du tissu cellulaire, ce même phénomène doit avoir lieu également.

Les faits viennent confirmer ce raisonnement. On trouve quelquefois des cicatrices dans l'intérieur de nos organes. Depuis les savantes recherches de Laennec et de M. Lallemand, il n'est aucun praticien qui n'ait eu l'occasion de remarquer des cicatrices dans le cerveau ou dans les poumons. Plus on a étudié la manière dont se forment ces cicatrisations, plus on s'est convaincu que c'est au moyen de cette couche pseudo-membraneuse, que j'ai déjà décrite, que s'opère l'adhérence entre les parois opposées des foyers qui renfermaient ou un caillot, comme cela s'observe après les apoplexies, ou du véritable pus, comme cela a lieu dans les cavernes des poumons. Cela est si vrai, que quelquefois on trouve des brides, des lames qui s'étendent d'une des parois à l'autre, au lieu d'une adhérence intime. J'ai moi-même observé une altération de ce genre, dans un foyer apoplectique ancien. Le seul aspect de ces cicatrices vous indique leur nature fibreuse, lors-même que l'on ignorerait que l'épanchement a été purement un caillot sanguin dans beaucoup de cas.

Maintenant supposez que cet épanchement qui a produit une pseudo-membrane d'une ou deux lignes d'épaisseur soit beaucoup plus considérable, au lieu d'une cicatrice, vous aurez un corps fibreux plus ou moins volumineux et doué de vie, vous aurez ce qu'on nomme un corps lardacé ou encéphaloïde, suivant sa consistance.

Vous savez que le pus est d'autant plus épais qu'il contient un plus grand nombre de molécules fibrineuses. Quelquefois il acquiert ainsi la consistance d'une crême épaisse, c'est alors qu'on le nomme matière pultacée. C'est surtout dans les cas de ce genre que le pus est éminemment propre à s'organiser. Et ne croyez pas qu'il faille une inflammation très-forte pour lui faire acquérir cette qualité de matière pultacée. Voyez, par exemple, dans la stomatite combien souvent la phlegmasie est légère, tandis que le dépôt pultacé est très-considérable.

Quand la matière pultacée s'organise, elle perd peu à peu la sérosité qu'elle contenait, elle se condense et finit par acquérir une dureté très-remarquable. Nous avons déjà observé cette marche dans la formation des adhérens des brides, des lames, et surtout dans celle des cicatrices. Or, examine-t-on un de ces nouveaux corps vivans, dans les premiers temps de son organisation, pendant qu'il offre encore une certaine mollesse, on le désigne sous le nom d'encéphaloïde. N'est-ce que plus tard qu'on fait cet examen, lorsque la condension est parvenue à son maximum, alors on dit qu'il est lardacé. Je défie, en effet, de signaler entre ces corps d'autre différence que celle qui résulte de la consistance. Leur aspect est le même, leur analyse chimique indique qu'ils sont également composés de fibrine.

Quelques auteurs ont prétendu que ces corps de nouvelle formation sont privés de vie, mais cette supposition est tout-à-fait gratuite, car si on les examine avec quelque attention, on voit des capillaires partant du tissu cellulaire et se rendant dans leur intérieur. En divisant leurs masses, on aperçoit une circulation capillaire on ne peut plus évidente. D'ailleurs, n'a-t-on pas souvent occasion d'observer qu'ils deviennent le siége d'une phlegmasie, qu'il se forme dans leur intérieur de véritables foyers apoplectiques? Or, comment ces phénomènes pourraient-ils se montrer, si ces corps n'étaient pas doués de vie? C'est sur la direction des capillaires que je m'appuie pour prouver que le tissu cellulaire a été le point de départ de leur organisation, puisque, dans tous les cas, j'ai vu les vaisseaux de cet élément organique beaucoup plus volumineux, et qu'il m'a été bien facile de les voir pénétrer dans la tumeur. Si je ne craignais de vous fatiguer, je vous citerais ici l'observation d'un encéphaloïde de l'abdomen, du poids de vingt-trois livres, développé dans les feuillets du grand épiploon, et qui confirmerait tout ce que j'ai dit à cet égard.

Si la matière pultacée peut devenir encéphaloïde et ensuite lardacée, à leur tour, les corps lardacés peuvent se ramollir, redevenir encéphaloïde, et puis se convertir en pus. Ces changemens sont dus le plus souvent à une inflammation. Ainsi, tous les auteurs ont constaté que les cicatrices, les adhérens, les brides sont susceptibles d'éprouver cette altération pathologique. Mais il n'est pas toujours nécessaire qu'une phlegmasie se développe dans ces tissus de nouvelle formation pour produire leur rámollissement. On a trouvé souvent du pus contenu dans de véritables caillots sanguins, dans des polypes du cœur. M. Gendrin a constaté par des expériences, qu'en passant un séton à travers cette matière fibreuse organisée, on la ramollit, et qu'on finit par la convertir de nouveau en pus, ce qui indique bien la nature fibrineuse de ce liquide.

Lorsque ce ramollissement de la matière lardacée survient, il se passe dans ces corps des phénomènes qu'il est utile de connaître. Leur consistance diminuant, les capillaires qui existent dans leur intérieur se rompent; il résulte de là des épanchemens sanguins, absolument semblables à ceux qui se montrent dans le cerveau à la suite de l'apoplexie. Au fur et à mesure que le ramollissement augmente, ces épanchemens deviennent plus nombreux, et, si cet état continue, bientôt toute la cavité cellulaire qui contenait la masse ramollie se trouve remplie d'un liquide formé d'un mélange de sang et du résidu du corps qui existait. Cette cavité ressemble alors à un kyste renfermant un liquide couleur de marc de café. Si, par cas, le ramollissement ne s'est opéré que dans un point, l'épanchement sanguin apoplectiforme est borné, et si les choses restent dans cet état, c'est-à-dire si la consistance de la tumeur ne continue pas à diminuer, il arrive souvent que le caillot sanguin se dépouille de sa matière colorante, il devient jaunâtre et légèrement friable, toujours comme dans l'apoplexie cérébrale.

Ainsi donc la portion fibrineuse du pus est susceptible de s'organiser et de former des adhérences, des brides, des lames, des cicatrices, et enfin ces corps particuliers, désignés assez généralement sous le nom d'encéphaloïde. Pour que cette organisation s'opère, il faut que la matière fibrineuse soit déposée sur une surface vivante, parce que c'est de là que partent les premiers rudimens vasculaires.

Toutes les fois que le dépôt fibrineux, formé dans le pus, se trouve isolé de toutes parts, toutes les fois qu'il ne contracte aucune adhérence avec les parois exhalantes, il reste sans vie; on le désigne alors sous le nom de tubercule.

Partout où il se forme une exhalation purulente, on peut trouver des tubercules. Ainsi, on en voit dans les follicules muqueux aussi bien que dans le tissu cellulaire; mais, comme ce dernier élément organique est partout répandu, il s'ensuit que toutes les parties du corps peuvent en fournir.

On a tour à tour regardé les tubercules comme une dégénérescence de l'organe dans lequel ils se montrent, comme des corps de nouvelle formation, et enfin comme le produit d'une exhalation.

La première de ces opinions a été généralement abandonnée, parce qu'il a suffi d'observer avec un peu d'attention, pour voir que les tubercules, en se développant, compriment les tissus ambians, les atrophient, mais ne les font pas disparaître. Ce ne sont donc pas ces tissus qui se transforment en tubercules.

Plusieurs médecins pensent que les tubercules sont des corps de nouvelle formation, constituant un tissu accidentel. Ces expressions me semblent impropres en ce sens, qu'elles supposent que la matière tuberculeuse est douée de vie, tandis que rien ne peut justifier cette opinion. Qu'on examine les tubercules à l'œil nu ou armé d'un microscope, qu'on les observe dans les poumons ou dans tout autre organe, peu importe, jamais on n'y découvrira la moindre trace d'organisation.

De ce que John Baron les a vus débuter souvent par une vésicule remplie d'un liquide séreux transparent, il en a conclu que c'étaient des hydatides. Mais cette opinion n'est qu'une simple hypothèse, car ces vésicules peuvent bien n'être autre chose que des cavités cellulaires distendues par de la sérosité, et alors le docteur Baron se trouverait d'accord avec ceux qui considèrent les tubercules comme le produit d'une simple exhalation morbide. On ne varierait plus que sur la nature du liquide contenu dans la vésicule. D'après le médecin anglais, ce liquide serait transparent; suivant Laennec, il offrirait une teinte grise; et enfin M. Cruveilher le considérerait comme du véritable pus.

Ces opinions se rapprochent beaucoup plus qu'on ne pourrait le penser au premier abord. C'est toujours une exhalation morbide qui se forme dans l'intérieur des cavités cellulaires, mais n'ai-je pas démontré jusqu'ici que le produit de cette exhalation était tantôt de la sérosité simple, tantôt de la sérosité albumineuse, et tantôt enfin de la sérosité fibrineuse, ce qui lui donnait un aspect plus ou moins laiteux, suivant le nombre des molécules fibrineuses contenues dans ce liquide? Ces idées, en apparence si différentes, confirment mon opinion sur l'origine des tubercules. Vainement prétendrait-on que, dans ce que j'ai dit, rien ne ressemble aux granulations grisâtres et demi-transparentes, décrites par Laennec, car M. Andral a prouvé jusqu'à l'évidence que ces granulations n'étaient que des cellules pulmonaires remplies de sérosité purulente.

Il ne suffit pas de connaître l'origine purulente des tubercules, il faut encore dire un mot de la manière dont ils se développent. On ne pourrait pas bien saisir peut-être leur formation dans une cellule pulmonaire, mais on peut bien l'observer dans une pleurésie suppurée. Là, vous voyez la chose en grand. Sur les parois de la plèvre se dépose la couche pseudo-membraneuse, dont j'ai déjà parlé plusieurs fois, mais dans le liquide il existe des flocons fibrineux qui se précipitent, s'agglomèrent et forment ainsi un tubercule énorme, isolé de tous côtés. Ce corps reste sans vie, tandis que la portion fibrineuse, déposee sur les parois, est parfaitement organisée. Cette différence tient évidemment à ce que l'une adhère à une surface vivante, et que l'autre reste isolée. Si d'ailleurs on observe des tubercules chez une personne dont l'affection tuberculeuse n'a pas fait la principale maladie, ou si l'on observe un tubercule isolé, on peut s'assurer, en ouvrant largement la poche qui le contient, qu'il y est libre de toute part, qu'il n'a contracté aucune adhérence. C'est surtout dans ces cas que le tubercule apparaît sous la forme d'un corps blanc, jaunâtre, opaque, friable, arrondi, sans traces d'organisation ou de texture. S'il acquiert du volume, c'est parce que de nouvelles couches de fibrine viennent se déposer à sa surface. Voilà pourquoi, dans un tubercule, le centre est toujours plus dur que la circonférence.

Jusqu'ici tous les auteurs ont dit que les tubercules sont susceptibles de se ramollir. M. Andral, dans son Précis d'anatomie pathologique, est le seul qui ait donné une explication de ce fait. « La transformation purulente du tubercule, dit-il, est ce qu'on a appelé sa période de ramollissement. La cause du changement de consistance qu'éprouve alors le tubercule ne réside pas plus dans le tubercule lui-même, que n'y réside la cause de son augmentation de volume. Agissant comme un corps étranger, sur les tissus avec lesquels elle est en contact, chaque molécule tuberculeuse détermine, en chaque point de ces tissus, une sécrétion de pus, qui opère mécaniquement la division du tubercule en grumeaux plus ou moins nombreux; cette sécrétion de pus arrive ici comme dans tous les cas où un corps étranger a séjourné plus ou moins long-temps en un point de l'économie. Là où ce corps est déposé, s'établit d'abord un travail d'irritation, puis une sécrétion purulente, puis enfin dans un grand nombre de cas, une solution de continuité par laquelle une voie est ouverte au corps étranger pour qu'il puisse sortir de l'économie; il en advient ainsi au tubercule. Son ramollissement n'est donc autre chose que le résultat de la séparation, de la disgrégation de ses molécules par du pus, et la fin de ce travail, c'est, comme pour le corps étranger, l'expulsion du tubercule. »

Cette explication semble très-plausible au premier abord. Quoi de plus naturel, en effet, que de voir les molécules d'un tubercule disjointes par un liquide? Mais, en y réfléchissant, on s'aperçoit que la matière des tubercules est loin de pouvoir être dissoute par ce liquide. Qu'est-ce qu'un tubercule, sinon la portion fibrineuse du pus qui s'est précipitée? Or, si nous supposons avec M. Andral une nouvelle sécrétion purulente, le tubercule, loin d'être disjoint, désagrégé par ce liquide qui ne peut le dissoudre, devra augmenter de volume par le dépôt de nouvelles couches fibrineuses qui s'opère à la surface. Cette explication est donc fausse. Il en serait de même de toutes celles que l'on voudrait donner par cette seule raison, que les tubercules ne se ramollissent pas, et ne sont pas solubles dans le pus.

De ce qu'on a trouvé des cavernes tuberculeuses remplies de pus, on en a conclu que ce liquide provenait de la fonte des tubercules ; mais d'abord leur nature vous montre qu'ils ne sont pas susceptibles de se fondre, et secondement, si vous tâchez de les dissoudre dans de l'eau, vous n'y parvenez pas, fût-elle alcaline; d'ailleurs, la cause que vous supposez devoir les fondre est précisément celle qui tend à les faire augmenter de volume. La véritable cause de la présence du pus dans les cavernes, c'est la sécrétion morbide de leurs parois.

Cependant, à entendre la plupart des médecins, les nombreux accidens qu'éprouvent les phthisiques, les dangers qu'ils courent, ne datent que du moment de la fonte des tubercules ; mais c'est une erreur. Les accidens s'accroissent quand l'exhalation du pus augmente dans les vésicules cellulaires. C'est là la véritable origine de l'accroissement des symptômes, et non la prétendue fonte tuberculeuse. Observez les tubercules autre part que dans les poumons d'où ils s'échappent par les bronches divisées, et vous vous assurerez aisément que les tubercules ne disparaissent pas, ne se fondent pas. Vous les retrouverez partout où ils n'auront pas pu être évacués par une ouverture, et vous les retrouverez toujours d'autant plus gros qu'ils sont plus anciens et que la cavité qui les a fournis est plus grande. Ainsi, les tubercules qui se montrent dans les plèvres lors des pleurésies suppurées, sont d'un volume énorme. Si donc vous voulez étudier le mode de développement et d'accroissement des tubercules, gardez-vous de le faire sur les poumons, prenez des organes qui ne donnent pas une issue libre à ces nouveaux corps.

Lorsque la sécrétion cellulaire qui a engendré le tubercule vient à cesser, le tubercule perd peu à peu l'eau qui était contenue dans son intérieur, son volume diminue, il finit même par se réduire à son squelette, c'est-à-dire aux sels qui entrent dans sa composition. Ces sels restent toujours unis d'ailleurs par l'albumine et la fibrine qui leur servent de ciment. Dans ce dernier cas, ces corps nouveaux ne portent plus le nom de tubercules, on les appelle concrétions calcaires.

La présence de la fibrine, dépouillée de son enveloppe colorante dans la sérosité, constitue donc le pus. Dès que le pus est exhalé, la fibrine qui n'est pas soluble dans la sérosité, s'en sépare, se précipite. La fibrine déposée adhère-t-elle à une surface vivante, elle s'organise sous forme de fausses membranes, de lames, de brides, de cicatrices, d'encéphaloïdes. Reste-t-elle isolée de toutes parts, la vie ne la pénètre pas, elle constitue les tubercules, et lorsque ceux-ci se déssèchent, perdent, si je puis m'exprimer ainsi, leur eau de cristallisation, ils se réduisent aux sels qui entrent dans leur composition, ils constituent les concrétions calcaires.

Non-seulement il passe dans la sérosité la fibrine décolorée, mais encore souvent la fibrine enveloppée de sa couche colorante. Qui n'a pas vu, en effet, une exhalation sanguine ou séro-sanguinolente sur quelque surface vivante? L'épistaxis, beaucoup d'hémoptysies, la dyssenterie, etc., ne constituent-elles pas des maladies par exhalation sanguine? Dans la pleurésie violente, ne trouve-t-on pas de la sérosité sanguinolente dans les plèvres? Or si, comme on ne peut pas en douter, la fibrine, revêtue de son enveloppe colorante, peut passer avec la sérosité, comment, à plus forte raison, n'admettrait-on pas que la fibrine décolorée puisse également se montrer dans ce liquide, puisqu'il est prouvé que la fibrine du sang ne doit son volume double qu'à l'enveloppe colorante qui la revêt?

Si la sérosité sanguinolente exhalée dans le tissu cellulaire s'y comporte absolument de la même façon que le pus, c'est-à-dire qu'elle se précipite de ce liquide et s'organise toutes les fois qu'elle adhère à une surface vivante. Seulement, il faut observer qu'en même temps qu'elle s'organise, elle se dépouille de son enveloppe colorante ou la conserve. Ce dernier cas est à beaucoup près le plus rare. Il n'est pas de pathologiste qui n'ait vu des brides, des lames ayant encore la couleur sanguine.

Il est un corps évidemment formé par une exhalation sanguine et qui a fixé l'attention de Laennec, de MM. Breschet, Trousseau, Leblanc, etc. : c'est la mélanose. Si jusqu'ici l'on n'a pas été d'accord sur son mode de développement, et si quelques anatomistes ont soutenu que ces corps, nouvellement formés, étaient doués de vie, tandis que d'autres ont assuré que les mélanoses ne présentaient pas la moindre trace d'organisation, cela vient de ce qu'ils ont décrit sous ce nom des maladies de différent caractère.

Si vous ouvrez les ouvrages des observateurs qui ont eu l'occasion de rencontrer des mélanoses, vous voyez qu'ils décrivent quelquefois sous ce nom une fausse membrane, qui ne diffère des fausses membranes ordinaires que par la couleur noire, due seulement à ce que la fibrine a conservé son enveloppe. Parmi ceux-ci, ceux qui ont trouvé la fausse membrane au moment où elle venait d'être déposée, ont assuré qu'elle était amorphe ; ceux qui n'ont eu l'occasion de la voir qu'à une époque plus éloignée, ont dit qu'elle était vivante. Cela se conçoit très-bien ; en effet, il faut un certain temps pour que la vie pénètre dans ces nouveaux corps et s'y présente dans toute sa vigueur. Il faut tenir compte également de la difficulté qu'on a de voir l'organisation dans un lieu dont la couleur est peu favorable à ces recherches. Des capillaires sont faciles à distinguer dans un organe remarquable par sa blancheur ; mais dans celui qui offre une couleur noire la chose devient, sinon impossible, du moins extrêmement difficile.

En lisant attentivement les observations de mélanoses en masse fournies par les auteurs, on trouve également que, tantôt les mélanoses sont inorganisées, et alors elles se séparent, se détachent des parties vivantes dès qu'on a ouvert la cavité qui les contient, par cela seul qu'elles n'ont contracté aucune adhérence avec les parties vivantes. D'autres fois ces mélanoses ne sont autre chose que des encéphaloïdes à couleur noire, l'organisation y est alors aussi évidente que dans les masses encéphaloïdes ; en d'autres termes, les mélanoses ne sont que des tubercules ou des encéphaloïdes qui ont une couleur noire, au lieu de la blancheur qu'ils présentent dans les cas ordinaires. Les tubercules mélanosés se montrent toujours avec un centre d'autant plus dur que ces tubercules existent depuis long-temps. Les encéphaloïdes mélanosés, au contraire, peuvent avoir plus ou moins de mollesse, suivant leur ancienneté et suivant qu'ils sont le siége d'une phlegmasie ou qu'ils sont exempts de cette complication. En un mot, les tubercules et les encéphaloïdes mélanosés se comportent absolument de la même façon que ceux qui n'ont pas conservé la couleur noire.

On a aussi décrit sous le nom de mélanoses des altérations anatomiques qui ne devraient pas figurer dans cette catégorie. Ainsi vous avez vu, au commencement de ce Mémoire, que lorsque le sang séjourne long-temps dans une partie sans y circuler, il devient noir et communique cette couleur à la partie dans laquelle il se trouve : je vous ai démontré que ce phénomène a toujours lieu dans les organes d'où le sang ne peut sortir qu'avec difficulté, comme les cartilages, le périoste, et, en général, toutes les membranes fibreuses.

On a décrit également sous le nom de mélanose une autre altération qui ne devrait pas plus porter ce nom que la précédente. Quand un encéphaloïde ordinaire s'enflamme, son tissu se ramollit, et bientôt les capillaires qui sont dans ce lieu se rompent, d'où résulte une hémorragie plus ou moins abondante. Si ce ramollissement se borne là, la partie colorante du caillot est successivement absorbée, et il ne reste en ce lieu qu'une cavité renfermant un corps fibreux, jaunâtre, absolument semblable à celui qu'on voit dans le cerveau à la suite d'une ancienne apoplexie. Mais si le ramollissement de l'encéphaloïde, loin de s'arrêter, fait, au contraire, des progrès, les hémorragies se multiplient, et l'on finit par ne trouver dans la cellule agrandie du tissu cellulaire qui servait d'enveloppe, de kyste à l'encéphaloïde, qu'un liquide composé de sang et de débris de l'encéphaloïde. Ce fluide a une couleur semblable à celle du chocolat, on l'aperçoit à travers les parois transparentes du kyste. Beaucoup de chirurgiens désignent ces corps sous le nom de mélanoses, mais vous voyez que cette expression n'est nullement convenable. Cela est si vrai que, parmi les nombreuses divisions dont se compose un encéphaloïde, il est des cellules encore fort dures, tandis qu'il en est d'autres qui ont un ou plusieurs foyers séparés, et d'autres enfin qui ne contiennent que le liquide dont je viens de parler. Cette marche dans le ramollissement de l'encéphaloïde a été pour moi de la plus grande évidence dans un cas où j'ai trouvé un de ces corps, pesant vingt-trois livres, développé dans le grand épiploon. Ces diverses altérations y étaient groupées admirablement, et l'on voyait clairement la transition insensible de l'une à l'autre. Ce fait n'a plus laissé aucun doute dans mon esprit.

A peu près tous les auteurs sont du même avis sur l'origine des mélanoses, tous les ont vues débuter par une exhalation évidemment sanguine dans une cavité cellulaire, et vous venez de voir que, quoiqu'ils semblent différer beaucoup sur leur organisation, ils ont cependant tous bien observé et décrit les faits qu'ils avaient sous les yeux. S'ils paraissent en désaccord, c'est que ceux qui n'ont vu que des tubercules mélanosés ont regardé les mélanoses comme inorgarnisées, tandis que ceux qui n'ont remarqué que des encéphaloïdes noirs les ont considérés avec raison comme pourvus d'une véritable organisation. Pour vous en convaincre, je vous engage à relire les observations publiées par les auteurs dont j'ai parlé. Je les aurais transcrites ici si l'étendue d'un mémoire me l'eût permis, mais on peut les voir dans les auteurs eux-mêmes. Je préfère cela que de vous citer des observations qui me sont propres par cela seul qu'elles pourraient vous paraître avoir été recueillies avec prévention.

En résumé, le tissu cellulaire qui existe dans toutes les parties du corps peut exhaler de la sérosité en plus grande quantité. Cette sérosité peut renfermer une plus grande proportion d'albumine qu'en santé, et de la fibrine enveloppée ou non de sa matière colorante.

L'albumine est-elle augmentée? cet excès d'albumine peut se déposer (matière colloïde). Il peut arriver également que ce dépôt, au lieu d'être absorbé, se durcisse (cartilage). Dans cet état, s'il adhère à une surface vivante, il devient os; s'il reste isolé, il conserve les caractères cartilagineux, ou devient concrétion calcaire, en perdant l'eau qui entre dans sa composition et se réduisant aux sels dont il était formé.

De la fibrine décolorée vient-elle à se mêler à la sérosité? on nomme alors ce liquide séro-purulent, pus, ou matière pultacée, suivant que la fibrine y est en plus ou moins grande quantité. La fibrine étant insoluble dans la sérosité ne tarde pas à se précipiter. Ce précipité adhère-t-il à une surface vivante? il s'organise et constitue des fausses membranes, des adhérences, des lames, des brides, des cicatrices, des encéphaloïdes. Reste-t-il isolé? c'est un tubercule, et si celui-ci perd l'eau qui entrait dans sa composition, il se réduit à l'état de concrétion calcaire.

Enfin la fibrine recouverte de son enveloppe colorante passe-t-elle avec le sérum? elle constitue la sérosité sanguinolente, le sang. La fibrine rouge se dépose comme la blanche, et se comporte absolument de même, excepté que, tantôt elle perd sa partie colorante (c'est le cas le plus commun), et tantôt la conserve. Dans ce dernier cas on nomme mélanose le corps qui en résulte, soit qu'il soit doué de vie, soit qu'il en soit privé. Ainsi il y a des fausses membranes, des brides, des lames, des cicatrices, des encéphaloïdes mélanosés, tout comme on trouve des tubercules également mélanosés.

Dans le troisième degré de l'inflammation l'exhalation cellulaire est troublée de la même manière que dans le second. Toutes les diverses altérations que je viens d'énumérer peuvent également se produire, mais on observe que l'exhalation est alors moins abondante; il y a réellement diminution dans l'exercice de la fonction, comme cela a lieu pour l'innervation et pour la circulation capillaire.

Le quatrième degré de l'inflammation se distingue en ce que l'exhalation cellulaire cesse, ce tissu devient d'une sécheresse remarquable. Ce phénomène n'a pas échappé à l'esprit observateur de MM. Dupuytren et Lallemand. C'est aussi ce qui a lieu dans les phlegmasies violentes d'une séreuse. Tous les médecins ont pu voir, par exemple, que, dans les péritonites les plus fortes, le péritoine est sec. Le tissu cellulaire devient sec, crépitant, avant de tomber en gangrène.

L'innervation, la circulation capillaire, l'exhalation

cellulaire, la nutrition étant des fonctions communes à toutes les parties du corps, j'ai pu, dans un Mémoire, analyser les altérations qui leur sont propres. Mais il me serait impossible de tracer ici un tableau des troubles qui peuvent survenir dans les fonctions qui sont l'apanage exclusif de tel ou tel organe. Je les ferai connaître plus tard dans des mémoires particuliers.

Je n'ai décrit jusqu'à présent que les altérations locales, celles qui se montrent dans le lieu primitivement malade. Pour compléter ce qui me reste à dire sur l'inflammation, il faut encore que je vous dise un mot des symptômes sympathiques, c'est-à-dire de ceux qui se montrent plus ou moins loin du siége primitif de la phlegmasie.

De même que les organes, quoique distincts les uns des autres, sont cependant liés entre eux de manière à ne former qu'un tout matériel, le corps humain, de même les fonctions, quoique séparées, sont enchaînées de telle sorte qu'elles s'influencent réciproquement pour constituer la vie. Il y a à la fois unité et multiplicité, tant dans la composition matérielle que dans son action vitale. Je vous ai déjà montré, par exemple, l'influence que l'innervation exerce sur la circulation, la nutrition et l'exhalation cellulaire. Je pourrais pousser plus loin mes exemples, si je ne devais m'en tenir ici à de simples généralités. Je vais donc ne vous entretenir que des sympathies générales, de celles qui se montrent quel que soit le lieu enflammé, me réservant de ne parler des sympathies particulières que lorque je traiterai des maladies en particulier.

Pendant qu'il existe une inflammation, il arrive souvent que les sympathies qui ont lieu dans l'état normal, que les sympathies physiologiques, en un mot, deviennent encore plus manifestes qu'en santé. Outre cela, il peut s'en développer de nouvelles auxquelles on donne le nom de sympathies morbides. Parmi les sympathies morbides, il en est qui ne paraissent que par suite de l'inflammation particulière à un organe, qui en sont, pour ainsi dire, son ombre, mais il en est une qui se montre, quel que soit le siége de la phlegmasie, pourvu que cette maladie soit forte. Cette sympathie générale morbide a reçu le nom de fièvre.

On dit généralement qu'il y a fièvre toutes les fois que la circulation et la chaleur sont augmentées au-delà des bornes physiologiques, et on distingue une fièvre générale et une fièvre locale. Cette dernière consiste dans une chaleur et des pulsations insolites se manifestant dans le lieu malade. On avait prétendu que les pulsations des artères, se rendant à une partie enflammée, se contractaient plus fréquemment que le cœur, mais la moindre attention a suffi pour reconnaître la fausseté de cette assertion ; elles battent seulement avec plus de force. Ce phénomène dépend de ce que lorsqu'une partie est fortement enflammée, le sang ne pouvant y être dépensé aussi vite qu'il y arrive, ce fluide doit nécessairement refluer dans les capillaires et dans les artères consécutivement. Ces vaisseaux se trouvant dès-lors plus distendus, le flot de sang, lancé par le cœur, doit s'y faire sentir plus fortement, de même que dans l'abdomen, par exemple, la percussion fait d'autant mieux sentir un flot de sérosité, que cette cavité est plus distendue. Ce qui rend évident que ces pulsations fortes sont dues à l'obstacle que le sang trouve à circuler dans le lieu malade, c'est qu'on peut produire mécaniquement le même phénomène. Si, par exemple, vous liez un doigt, des pulsations violentes ne tardent pas à se montrer au-dessus de la ligature. C'est encore ce que l'on voit quand on fait des opérations, le sang s'échappe de petites artères ouvertes par un jet continu, nullement saccadé, et, dès que la ligature est appliquée, les pulsations y deviennent manifestes. Les pulsations caractéristiques de la fièvre locale sont donc un phénomène purement physique. Quant à la chaleur, elle est la conséquence de l'énergie avec laquelle la vie s'exerce dans le lieu malade, elle est augmentée dans les deux premiers degrés de l'inflammation, tandis qu'elle est beaucoup moindre dans le troisième, et finit par disparaître dans le quatrième.

On dit qu'il y a fièvre générale, ou simplement fièvre, toutes les fois que la chaleur générale et la circulation sont plus développées qu'en santé, et que ce changement n'est dû actuellement ni à de grands mouvemens, ni à des passions mises en jeu, toutes les fois, en un mot, qu'il est symptôme d'une maladie.

Nous mesurons ordinairement la fièvre par l'état

du pouls, c'est-à-dire par celui de l'artère radiale. Or, pour juger sainement les changemens qu'une phlegmasie entraîne dans cette artère et savoir si ces changemens dépendent ou non d'une inflammation, il faut d'abord connaître quel est son état physiologique suivant les divers tempéramens.

Les systèmes nerveux, sanguin et lymphatique ou cellulaire, sont les seuls qui puissent, lorsqu'ils prédominent, imprimer à l'organisme ce cachet particulier auquel nous donnons le nom de tempérament. Les tempéramens nerveux, sanguin et lymphatique, sont donc les types auxquels je ramène tout ce qui a rapport à ce sujet. Il en est, à la vérité, deux autres qu'on peut appeler nervoso-sanguin et nervoso-lymphatique. Leur nom suffit pour indiquer qu'ils sont un mélange du tempérament nerveux avec le sanguin ou avec le lympathique. On se fait aisément une idée exacte de ces tempéramens composés, quand on a bien étudié les tempéramens-types. Vainement chercherait-on d'autres tempéramens que ceux dont je viens de parler. Je regrette de ne pouvoir donner ici à ce sujet tout le développement dont il est susceptible.

Dans le tempérament sanguin le pouls est plein sans être fréquent. On sent que l'artère contient beaucoup de sang, qu'elle est largement dilatée, que les pulsations sont fortes et soulèvent bien le doigt.

Si vous comparez l'état du pouls d'un individu nerveux avec celui d'un homme sanguin, vous vous apercevez que l'artère du premier bat plus souvent, que les pulsations sont plus brusques, plus rapides, et que peu de sang traverse le calibre de l'artère. Le pouls, pour me servir des expressions reçues, est, chez le nerveux, fréquent, petit et serré.

Mettez une personne lymphatique à côté des deux précédentes, et vous verrez que les pulsations de son artère radiale sont lentes, comme celles du sanguin, mais que le flot de sang, loin de soulever fortement le doigt, se laisse facilement déprimer, tant l'artère est molle. Chez elle, le pouls est lent, petit et mou.

L'individu nervoso-sanguin est remarquable par la plénitude et la fréquence du pouls, le nervoso-lymphatique par sa mollesse, unie à la petitesse et à la fréquence.

Vous devez sentir l'importance de bien fixer ce point de départ, car la plénitude du pouls, par exemple, qui est naturelle à une personne sanguine, sera évidemment un état maladif pour un nerveux ou un lymphatique. On ne peut donc rien dire d'absolu sur le pouls, tout est relatif à l'état habituel de la personne que le médecin examine. C'est pour cela qu'il est si essentiel qu'avant tout le médecin connaisse parfaitement le tempérament de son malade. C'est une condition absolument indispensable et dont la négligence entraîne des malheurs plus souvent qu'on ne le pense communément.

La fréquence et la lenteur du pouls tiennent au degré de stimulation imprimé au cœur par le système nerveux. En voulez-vous des preuves? Voyez si ce n'est pas le tempérament nerveux qui offre le plus grand nombre de pulsations dans un temps donné? Quand nous sommes agités par une passion violente, par la colère, par exemple, notre pouls n'est-il pas plus rapide? L'état pathologique, lui-même, nous en donne une démonstration rigoureuse. Examinez un homme atteint de phlegmasie cérébrale. Tant qu'il y a délire avec exaltation, le pouls est précipité; mais, aussitôt que le coma survient, les artères battent moins fréquemment encore qu'en santé. La lenteur du pouls est alors un des phénomènes les plus remarquables. La physiologie, aussi bien que la pathologie, démontrent donc clairement que la fréquence ou la lenteur du pouls sont subordonnées à l'impression que le système nerveux transmet au cœur.

Il en est autrement de la plénitude et de la petitesse du pouls. Celles-ci sont dues à ce que le système artériel contient plus ou moins de sang, ou bien à ce que ce fluide circule avec plus ou moins de rapidité. Ainsi, les personnes sanguines, ayant une plus grande quantité de sang que celles qui sont douées d'un autre tempérament, ont nécessairement le pouls plein, tandis que les nerveux et les lymphatiques ont le pouls petit. Mais si le sang circule avec une grande vitesse, si, dans un temps donné, il en passe davantage dans une artère, il n'y a pas de doute que cela revient au même que si le corps en contenait une plus grande masse. C'est ainsi que, si l'argent circule dans un État, cet État paraît riche; il semble au contraire pauvre si tout le monde resserre les capitaux. Cependant, dans ces deux cas, la quantité de numéraire est toujours la même. Telles sont donc les conditions indispensables pour que le pouls soit plein : ou il faut que la masse du sang soit augmentée, ou que ce fluide parcoure le système artériel avec plus de rapidité. Dans ce dernier cas la fréquence se joint à la plénitude, parce que la circulation ne peut être accrue sans que le cœur ne se contracte plus souvent, et ce phénomène ne peut avoir lieu que lorsque l'innervation est plus forte.

Il faut voir maintenant la contre-épreuve du fait précédent, c'est-à-dire examiner les circonstances dans lesquelles le pouls devient petit. Il est tel toutes les fois que la quantité normale de sang est diminuée. Ce phénomène est patent quand on fait périr un animal par hémorrhagie, ou lorsqu'un individu éprouve une perte de sang, soit par une blessure, soit par une exhalation sanguine. Non-seulement il y a petitesse du pouls dans les cas que je viens de citer, mais encore le même phénomène se reproduit lorsque par suite d'une maladie il y a une abondante exhalation ou sécrétion. C'est ainsi que le pouls est petit dans les péritonites avec exhalation abondante de sérosité, dans les pleurésies accompagnées également de cette exhalation, dans les diarrhées, dans le choléra, dans la suette, etc. Dans toutes ces occasions, le produit de l'exhalation ou de la sécrétion vient évidemment du sang, il ne peut provenir d'une autre source. Or, un ou plusieurs des élémens du sang étant évacués, la quantité de ce liquide a nécessairement diminué, et c'est ce qui explique la petitesse du pouls qui existe alors. La plénitude ou la petitesse du pouls sont donc dépendantes du volume du sang contenu dans le système artériel ou de la rapidité avec laquelle ce fluide circule.

Outre ces caractères de fréquence et de lenteur, de plénitude et de petitesse, que peut offrir le pouls, il faut encore examiner sa force ou sa faiblesse. J'entends exprimer par ces mots le plus ou moins d'énergie avec laquelle le flot sanguin vient frapper les parois artérielles. Ce phénomène tient à l'énergie, à la rapidité avec lesquelles s'opèrent les contractions ventriculaires. Ainsi, chez les personnes lymphatiques, les battemens du cœur se font avec peu de force, ce dont il est facile de se convaincre au moyen du stetoschope: aussi les parois artérielles se laissent-elles aisément déprimer. Chez un individu nerveux, au contraire, les contractions sont vives, promptes, l'impulsion communiquée au sang se montre avec ces caractères dans les artères. Elles offrent à chaque pulsation une résistance manifeste au doigt.

Ces divers caractères inhérens au pouls peuvent se mélanger, se combiner. La fréquence, par exemple, peut se montrer unie à la plénitude ou à la petitesse. Les personnes d'un tempérament nervoso-sanguin n'ont-elles pas le pouls à la fois plein et fréquent? N'en est-il pas de même chez ceux qui ont la fièvre, toutes les fois qu'il n'y a pas en même temps une évacuation quelconque? La fréquence est, au contraire, quelquefois unie à la petitesse. Tels sont les caractères qu'offre le pouls des personnes nerveuses, ou de celles qui éprouvent une hémorrhagie, ou enfin de celles qui ont une évacuation abondante par une des surfaces du corps.

La lenteur peut tout aussi bien se montrer avec la plénitude ou la petitesse du pouls que sa fréquence. Les personnes sanguines ont le pouls plein, mais non fréquent, quelquefois même il est chez certains individus d'une lenteur remarquable. Dans les phlegmasies cérébrales portées jusqu'au coma, on voit une grande plénitude unie à une lenteur considérable du pouls. Les lymphatiques ont au contraire le pouls petit et lent.

La force ou la faiblesse de l'impulsion artérielle peuvent également se joindre, soit à la plénitude, soit à la petitesse du pouls. Souvent la force est unie à la plénitude, comme dans les cas de fièvre sans évacuation, dans ceux d'hypertrophie du cœur, sans obstacle à la circulation. D'autres fois elle est jointe à la petitesse, comme chez les nerveux, chez ceux qui ont une abondante hémorragie. Il semble dans ce dernier cas que le cœur veuille suppléer, par le nombre de ses contractions et par la force de son impulsion, au sang qui disparaît.

La plénitude du pouls n'entraîne pas nécessairement sa force, quoique plusieurs individus l'aient avancé; souvent, au contraire, elle est accompagnée de la faiblesse. Chez des personnes sanguines, il est quelquefois très-facile d'effacer le calibre de l'artère; c'est également ce qui a lieu dans le coma. Enfin la faiblesse et la petitesse réunies se montrent dans quelques circonstances; tel est l'état habituel des tempéramens lymphatiques.

Ce que je viens de dire du pouls n'est applicable qu'aux cas où la circulation est libre; car, si le cœur ou les vaisseaux qui charient le sang sont dans un état morbide, cela doit nécessairement influer sur la circulation et la troubler. D'ailleurs, je le répète, tout cela n'est nullement absolu, mais seulement relatif au tempérament des malades.

Cette étude du pouls donne de la facilité pour analyser la fièvre. Toutes les fois, par exemple, que nous trouverons les pulsations artérielles plus fréquentes qu'en santé, nous pouvons être persuadés que ce phénomène tient à ce que le centre nerveux communique au cœur une excitation forte. Or, la fièvre est caractérisée par la fréquence du pouls unie, soit à la plénitude, soit à la petitesse, soit à la force. Mais quel que soit celui de ces caractères qui se présente, ce n'en est pas moins la fréquence qui constitue toujours ce que nous appelons la fièvre, excepté dans le coma, où l'on dit qu'il y a fièvre sans fréquence. On ne juge alors que par analogie. La fièvre consiste donc dans l'impulsion que le centre nerveux communique au cœur.

Il ne suffit par d'être remonté jusqu'au point de départ de la fièvre, il faut encore déterminer comment une inflammation, située quelquefois très-loin du cerveau, peut amener la fièvre. Vous savez que dès l'instant qu'une partie se trouve le siége d'une phlegmasie, aussitôt l'innervation morbide se propage à la circulation capillaire, à la nutrition et à l'exhalation cellulaire; mais, outre cela, elle remonte par les branches nerveuses et parvient jusqu'au centre nerveux, pour peu qu'elle soit forte; la douleur en est une preuve manifeste. Une inflammation, quel que soit son siége, quand elle est assez intense, excite donc le centre nerveux, et comme les fonctions de ce centre s'exercent en raison du degré de stimulation qui est transmis à ce viscère, il en résulte que le centre nerveux, à son tour, communique une énergie vitale plus grande à tout l'organisme, et au cœur par conséquent. Le cerveau n'est, pour ainsi dire, dans ce cas qu'une poulie de renvoi.

Telle est la manière dont on conçoit aujourd'hui généralement la fièvre, et cette explication me semble inattaquable dans l'état actuel de nos connaissances.

De cette sur-excitation réfléchie par le cerveau résulte non-seulement la fièvre, comme je viens de le dire, mais encore quelquefois des inflammations secondaires dans un ou plusieurs points plus ou moins éloignés du lieu primitivement malade. Ces nouvelles phlegmasies sont encore regardées par les auteurs comme des symptômes sympathiques qui, souvent, masquent par leur grand développement, la maladie première. Il est besoin de déterminer comment se forment ces inflammations secondaires : par le seul fait que le cerveau sur-excité imprime à tout l'organisme un surcroît de vie, tous les organes exercent leurs fonctions avec plus d'activité. Voyez, par exemple, un homme en proie à une fièvre légère, ses facultés intellectuelles ne sont-elles pas plus prononcées? C'est ce qui a donné lieu à ce proverbe : la fièvre donne de l'esprit. Si chaque organe jouit dans ce cas de plus de vitalité, il doit nécessairement recevoir plus de sang. Vous savez, en effet, que ce fluide se transporte dans les organes en proportion de leur vitalité. D'ailleurs, cet afflux sanguin est singulièrement favorisé par la rapidité de la circulation. Toute l'économie se trouve donc dans un degré intermédiaire entre une inflammation prononcée et l'état physiologique. Mais tous les organes ne vivent pas avec la même énergie ; il en est, si je puis m'exprimer ainsi, de plus vivans les uns que les autres. L'impression transmise par le centre nerveux sera plus fortement perçue par ceux qui sont doués d'une vie plus active, et, pour peu que cette impression soit intense, il pourra en résulter une inflammation réelle. Pour mieux faire comprendre mon idée, permettez-moi d'avoir recours à un exemple. Un individu est-il amputé? La phlegmasie qui se forme dans le moignon ne tarde pas à agir sur le cerveau. Ce viscère, à son tour, réagit sur tous les autres organes. Tous ont bien ressenti l'impression qui leur a été communiquée par le cerveau, mais tous ne l'ont pas éprouvée au même degré. Le cœur, les poumons, l'estomac étant plus sensibles par cela seul qu'ils sont pourvus d'un plus grand nombre de filets nerveux, seront plus affectés que les os, par exemple, qui sont moins irritables. De là naîtront, par conséquent, la fièvre, une gastrite, etc.

Un autre effet non moins marqué de la fièvre et qui ne doit pas être passé sous silence, c'est l'altération du sang qu'elle entraîne à sa suite. Tous les médecins qui se sont occupés de ce sujet, ont constaté que non-seulement le sang se trouve altéré dans le lieu enflammé, mais encore que la partie de ce fluide qu'on retire d'une veine quelconque, quand la fièvre est assez forte, présente 1° une proportion plus grande d'albumine que dans l'état normal, et 2° la formation de ce corps nouveau auquel on donne le nom de couenne pleurétique ou inflammatoire.

En comparant avec attention les expériences des auteurs, on s'aperçoit facilement que si dans le sang d'un fiévreux la proportion de l'albumine, relativement au sérum, est plus grande qu'en santé, cela ne tient pas à ce que l'albumine a augmenté de quantité, mais à ce que l'eau du sérum est diminuée. Ainsi, si dans ce cas le sérum est plus albumineux, il faut bien se rappeler que ce changement n'est dû qu'à la soustraction d'une partie de l'eau qui entrait dans sa composition, et non à l'augmentation réelle, absolue, de l'albumine. Lors même que les expériences chimiques n'auraient pas mis cette proposition hors de doute, l'observation aurait pu nous faire découvrir cette cause. On voit, en effet, que le sérum du sang est d'autant plus albumineux que pendant la fièvre il excite une exhalation plus abondante. Lisez à ce sujet les expériences intéressantes de M. Magendie sur le sang des cholériques, examinez le sang des personnes qui succombent par suite d'une péritonite ou d'une pleurésie, et vous verrez l'exactitude de mon opinion.

Je suis également parvenu à découvrir, mais non sans peine, quoique la chose soit fort simple, comment se forme la couenne inflammatoire. Ce produit nouveau est composée, suivant tous les auteurs, d'eau, d'albumine et de fibrine décolorée. L'eau et l'albumine sont des produits qui se trouvent tout formés dans le sang, leur présence dans la couenne n'a donc rien d'extraordinaire. Ce n'est que la fibrine dépouillée de son enveloppe colorante qui a lieu de nous surprendre. Je cherchais comment les molécules fibrineuses pouvaient ainsi abandonner leur enveloppe, quand je réfléchis que les chimistes, pour analyser la matière colorante du sang et la séparer de la fibrine, se contentaient de fouetter le sang sortant d'un vaisseau. Depuis lors je me suis assuré qu'il n'est pas nécessaire d'une grande agitation pour dépouiller une partie de la fibrine de sa couche colorante. C'est ce qui m'a expliqué comment la couenne inflammatoire paraissait chez tout individu sanguin venant de faire une course, comme l'a observé Thomson, tout aussi bien que chez celui qui est actuellement en proie à une fièvre violente. Par le fait d'une course ou de la fièvre, la circulation se trouve activée, le sang parcourt le système artériel avec plus de rapidité, il se fouette, et par ce moyen une partie de la fibrine se sépare de la matière colorante. Cette proposition devient évidente quand on lit attentivement les expériences et les observations de M. Gendrin sur la formation de la couenne. On y voit que la couenne est toujours en rapport avec l'activité de la circulation ; elle naît et disparaît successivement avec la fièvre. Cette explication fort simple de la formation de la couenne inflammatoire par le fouettement du sang, me semble démontrée par une foule de faits, mais je pense qu'il suffit de l'avoir énoncée pour qu'on en voie l'évidence.

Ici je m'arrête. Je me suis efforcé, dans ce Mémoire, de démontrer que, quoique les altérations, tant anatomiques que physiologiques, paraissent si diverses, on peut cependant les ramener toutes à un point de départ commun, à une unité qui a son siége dans le système nerveux. Du trouble dans les fonctions de ce système naissent successivement des altérations dans la circulation capillaire, dans la nutrition, dans l'exhalation cellulaire, et j'ai fait voir en quoi consistent ces troubles locaux. Puis, je me suis attaché à montrer que l'innervation morbide, se transmettant jusqu'au cerveau par l'intermédiaire des nerfs, ce viscère imprime un surcroît de vitalité à tout l'organisme, ce qui constitue la fièvre, et occasione même souvent des phlegmasies secondaires dans des points plus ou moins éloignés des lieux primitivement malades. Je sens que je n'ai fait qu'effleurer un sujet aussi vaste, car là est presque toute la médecine. Mes occupations ne m'ont pas permis de donner à cette matière tous les développemens dont elle est susceptible, mais si j'ai réussi à faire sentir l'ensemble, l'unité, et le point de départ des altérations anatomiques et physiologiques, j'aurai rempli mon but.

FIN.

www.ingramcontent.com/pod-product-compliance
Ingram Content Group UK Ltd.
Pitfield, Milton Keynes, MK11 3LW, UK
UKHW021106260726
13994UKWH00002B/750